개정판

완전한
기도

완전한
기도

- 초판 1쇄 발행 2005년 7월 20일
- 개정판 1쇄 발행 2018년 3월 2일

- 지은이 존 번연, 존 길, 아더 핑크
- 옮긴이 임원주
- 펴낸이 조유선
- 펴낸곳 누가출판사

- 등록번호 제315-2013-000030호
- 등록일자 2013. 5. 7.
- 주소 서울특별시 공항대로 637 B-102(염창동, 현대아이파크 상가)
- 전화 02-826-8802 팩스 02-6455-8805

- 정가 13,000원
- ISBN 979-11-85677-21-7 03230

개정판

완전한 기도

존 번연 · 존 길 · 아더 핑크 지음
임원주 옮김

John Bunyan

John Gill

Arthur W. Pink

하나님께서 받으시기에 합당하고
하나님께서 응답하시기에 합당한
성경적, 청교도적, 열정적 기도의 비결

출판사
누가

단언컨대, 기도의 절대적 중요성과 필요성을 조금이라도 부인할 사람은 없을 것입니다. 성경과 성령의 도움으로, 배우고 익히지 않아도 올바른 신앙을 깊이 알 수 있는 사람이 없는 것처럼 기도 역시 배우고 익히지 않아도 올바로, 충분하게, 하나님께 상달되고 하나님의 응답을 받을 수 있는 사람도 없을 것입니다.

기도는 호흡입니다!! 이 정의는 세상의 어떤 이방종교에서도 부인할 수 없을 만큼 지극히 타당한 정의일 것입니다. 하물며 하나님이 불어넣어주신 숨결로 인해 생령이 된 인간, 성령의 강림과 역사로 인해 새 생명의 숨결이 시작된, 하나님의 자녀라면 더 말할 것도 없습니다. 따라서 기도 즉, 거룩한 호흡이 없다면 어떤 성도라도 질식할 것이며, 원수들과 영적 전쟁을 벌이기는커녕 허우적거리다가 기진맥진해지고 무기력하게 허물어지고 말 것입니다. 기도는 영적 생명력을 유지하고 근력을 비축하고 능력을 발휘함에 있어서 근본적으로 필요불가결한 것 가운데 하나입니다. 말씀과 성령 외에도 반드시, 말씀과 성령에 전적으로 부합하는 올바른 기도가 즉각적으로 그리고 항상 동반되어야 합니다.

우리는 반드시 묻지 않을 수 없습니다. 신자가 하나님을 향해 무엇이든 말할 때 기도가 될 수 있지만 하나님께 합당한, 하나님께서 즐겁게 들으시는, 하나님께서 흡족하게 응답하시는 기도라는 보증은 오직, "주 예수 그리스도의 이름으로"라는 것으로 충분할까? 신자인 우리는 단지 신자라는 그 사실 하나만 의지하여, 기도의 원리와 방법과 주의사항 따위는 도무지 신경 쓰지 않아도 되는 것일까? 멋진 기도문을 참조해서, 내 입술로 읊어대면 하나님께서 즐겁게 들으실까? 과연 이방종교의 무수한 기도와, 참된 하나님을 참되게 경배하는 거룩한 성도들에게 어울리는, 합당하고 올바른 기도는 우리에게 회복된 하나님 형상 즉, 하나님의 진리와 의와 거룩에 부합하는 기도는 무엇일까?

기도는 호흡입니다!! 맞습니다. 그러나 우리는 한 줄짜리 이 명제에서 우리의 사고를 중단하면 결단코 안 될 것입니다. 언제든 그저 단순히, 숨을 들이쉬고 내쉬기만 하면 충분하지 않기 때문입니다. 걸을 때와 뛸 때, 100미터 트랙을 전력으로 뛸 때와 마라톤을 뛸 때, 급한 비탈을 오를 때와 내려갈 때, 유산소 운동을 할 때와 격렬한 운동을 할 때, 스노클링을 할 때와 심해 다이빙을 할 때, 그 각각의 경우에 적합한 호흡법이 따로 있습니다. 영적 호흡도 마땅히 성도가 처한 각각의 상황과 임무에 따라 다를 것이고, 다른 성도들 혹은 성령과 호흡을 맞추는 법이 따로 있으며, 각별히 배워야 합니다.

우리는 하나님에 대한 지식, 참된 중보자 그리스도, 참된 구원, 참된 하나님 나라에 대해 신앙과 신학의 거장들에게서 배워야 하는 것처럼 기도도 그렇게 배워야 마땅합니다. 생명의 호흡인 기도!! 그렇습니다. 기도에 관한 간결하면서도 사실상 완결판이라고 할 만

완전한 기도

한 정말 탁월한 저술을 결국 찾아낼 때까지, 그리고 그 저술을 완벽하게 소화하여, 탁월한 기도꾼이 될 때까지, "어떻게 기도해야 하는가"라는 질문을 충분히 만족시켜줄 수 있는, 최상의 지침서를 만날 때까지, 우리는 멈춰서는 안 됩니다. 머뭇거려서도 안 됩니다. 너무나도 중요하기 때문입니다.

이 절대적 요청에 부합하는 최선의 처방, 최고의 해결책을 찾아야 합니다. 기도에 대한 최고의 비결을 찾고, 최상의 거장에게서 배워야 합니다. 그래서 편찬한 것이 바로 이 책입니다. 청교도 거장 두 사람과 그 전통을 잇는 저술가 한 사람의 기도에 관한 탁월한 저작을 하나로 모아 본 번역서를 구성하여, 『완전한 기도』라는 이름으로 출간했습니다. 그것이 2005년도 입니다. 벌써 만 12년이 훌쩍 지났습니다. 강남중앙침례교회의 양수리 수양관에서, 당시 누가출판사를 이끌던 정종현 목사님과 본서의 출간에 대해 논의한 것이 엊그제 같은 데 벌써 세월이 이만큼 지나왔습니다. 하지만 올바른 책을 만들려는 누가출판사의 열정은 조금도 변치 않고, 본 역자에게 『완전한 기도』의 전면적 개정 출판을 제안해왔습니다. 그리고 쉼 없이 재촉하여, 본 역자로 하여금 이처럼 마무리하여 다시금 하나님과 독자들 앞에 내놓고 있습니다.

『완전한 기도』는 존 번연John Bunyan, 1628-1688, 존 길John Gill, 1693-1771, 아더 핑크Arthur W. Pink, 1886-1952 이 세 저술가들의, 기도에 관한 탁월한 글들을 모은 것입니다.

존 번연은 전기前期 청교도 가운데서 주목할 만한 특수침례교인Particular Baptist으로서 그의 「Spiritual Prayer」라는 역작을 번역하여, 본서의 제1부로 배치했습니다. 번연의 기도론은, 성도의 기도가 하나님께서 합당하게 받으시는 참된 기도가 될 수 있게 하는 원리들을 강론한 것입니다. 이방인들의 허무한 기도와, 하나님의 거룩한 자녀들의 기도를 구별지어주는 원리들을, 성경본문을 강해하면서 찾아내 설명해준 것입니다.

본서의 제2부는 런던의 걸출한 특수침례교인인 존 길의 논고입니다. 존 길은 조직신학서인 「A Body of Doctrinal Divinity, 1769」와 「A Body of Practical Divinity, 1770」를 남겼는데 이 조직신학서 가운데 한 장인 "Public Prayer"를 "올바른 기도"라는 제목으로 옮겼습니다. 본래 제목은 "공적公的 기도"임에도 사적인 기도를 포함해서 "올바른 기도"의 원리를 전반적으로 잘 설명했기에 "올바른 기도"라는 제목으로 바꿨습니다.

아더 핑크의 작품 중에서 「바울의 기도 연구」 가운데 서론과 몇몇 장을 번역하여 "바울의 기도"라는 제목으로 본서의 제3부로 삼았습니다. 이 부분은 바울의 기도문 가운데 몇 부분을 깊숙이 고찰하여, 거룩한 사도가 드린 기도의 원리와 구체적 실제를 천착한 것이기에, 참되고 충실한 기도의 사례 연구라는 차원에서 본서에 넣었습니다.

2005년에 본서를 첫 출간할 때, 대전 늘빛교회를 담임하던 황영식 목사님은 강남중앙침례교회 청년담당 사역을 다년간 수행하시고 지금은 용인 수지의 빛으로교회에서 담임사역을 하고 계십니다. 그때나 지금이나 바쁜 와중에도 여전히 많은 도움을 주고 계십니다. 특별한 감사를 드리지 않을 수 없습니다. 서울 목동의 진리교회

완전한 기도

를 섬기는 김승중 목사님이 7월 말에 위암 진단을 받고 위 전체를 절제하는 수술을 받았고 지금은 항암 치료를 받는 와중에도 하나님의 진리를 향한 변치 않는 열정으로 귀감이 되어 주시고 정귀영 전도사님 가정과 함께 격려를 주시니 역시 감사를 드리지 않을 수 없습니다. 2005년에 본서의 초판을 간행한 1년 뒤에, 본 역자가 서울 신월동으로 사역지를 옮겼고 그 얼마 뒤에 그 인근에서 진리교회가 개척되었고, 그로 인해 더욱 가까이 맺어진 인연은 '진리'와 함께 오늘날까지 깊어졌습니다. 정말 감사한 일입니다.

한결같은 가난과 어려움 속에서도 오직 하나님만을 바라보고, 오직 하나님의 영광을 위해 살고자 하는 아내에게도 변함없이 깊은 감사의 마음을 이 자리에서나마 표현하지 않을 수 없습니다. 누가출판사 관계자들에게도, 그리고 지금 인광교회에서 담임사역하시는 정종현 목사님에게도 본서의 개정 출판에 대해 다시금 감사를 표합니다. 물론, 모든 감사의 최상위에는 하나님께 대한 감사가 있고, 하나님의 영광을 향한 열망이 있습니다. 그때처럼 지금도 그리고 영원토록 Coram Deo!!

2017년 11월 3일

산본에서, 임원주 목사 배상

1부

영으로 그리고
마음으로 하는 기도

존 번연
(John Bunyan, 1628~1688)

John Bunyan
John Gill
Arthur W. Pink

"내가 **영으로** 기도하고 또 **마음으로** 기도하며"(고전 14:15)

　기도는 하나님의 명령이다. 따라서 공적으로든 사적으로든 기도를 해야 한다. 그렇다. 기도는 탄원의 심령을 가진 자들을 이끌어 하나님과 매우 친밀하게 만들어 준다. 또한, 기도는 기도하는 당사자와 그 기도에서 거명된 자, 양쪽에게 하나님으로부터 위대한 것들을 얻어줄 만큼 탁월한 행위이다. 기도는 하나님의 마음을 열어주는 도구이며, 텅 빈 영혼을 채워주는 수단이다. 그리스도인은 기도라는 수단에 의해, 자신의 마음을 마치 친구에게처럼 하나님께 열어드릴 수 있고, 자기에게 부어지는 하나님의 우정에 대한 새로운 증거를 얻을 수 있다. 나는 공적 기도와 사적 기도의 구별에, 마음으로 하는 기도와 육성으로 하는 기도의 구별에 많은 말을 할 수도 있다. 기도의 은사들과 은혜들을 구별하는 것에도 무엇인가를 말할 수 있을 것이다. 그러나 여기에서는 이렇게 하지 않겠다. 독자 여러분들에게 기도의 심장 즉, 만일 이것이 빠진다면 여러분이 두 손과 두 눈 그리고 목소리를 아무리 높이 올려도 전혀 소용없게 되는 그것을 보여주는 데 집중하겠다.

　바울이 언급한 **"내가 영으로 기도하고"**라는 말을 중심으로 아래와 같이 네 개의 주제로 나눠, 상술하겠다.

　첫째, 참된 기도란 무엇인가?

　둘째, 영으로 기도한다는 것은 무엇인가?

　셋째, 영과 이성으로 기도한다는 것은 무엇인??

　넷째, 활용 및 적용

기도란 무엇인가?

첫째, (참된) 기도란 무엇인가? 기도란 솔직하게, 지각 있게, 애정을 담아서, 마음 혹은 영혼을 쏟아내는 것이다. 기도란 그리스도를 통해, 하나님께 성령의 능력과 도우심으로, 하나님이 약속하신 것들을 혹은 하나님의 말씀에 따른 것들을 얻기 위해, 교회의 유익을 위해, 믿음으로 하나님의 뜻에 복종하여 토로하는 것이다.

이 정의에는 다음과 같이 일곱 사항이 포함되어 있다. 기도는 첫째, 솔직해야 한다. 둘째, 지각이 있어야 한다. 셋째, 그리스도를 통해 하나님께 드리는 애정을 담아서 쏟아내야 한다. 넷째, 성령의 능력과 도움을 받아야 한다. 다섯째, 하나님이 약속하신 것들 혹은 하나님의 말씀에 따른 것들을 구해야 한다. 여섯째, 교회의 유익을 구해야 한다. 일곱째, 믿음으로 하나님의 뜻에 복종해야 한다.

1. 기도는 솔직해야 한다

기도는 영혼을 하나님께 솔직하게 쏟아내는 것이다. 솔직함은 우리 안에 있는 하나님의 모든 은사와 그리스도인의 모든 행위를 관통하는 것이며 그것들을 통제하는 그런 은사이다. 만일 이렇지 않다면, 그것이 어떤 행위가 되었든 하나님으로부터 나온 것으로 간주되지 않는다. 또한 그런 것은 기도로부터 나온 것도 기도로 이루어진 것도 아니다. 이점에 관해 다윗이 기도를 거론하면서 한 말에 특히 주목해보자.

> 내가 내 입으로 그에게 부르짖으며 내 혀로 높이 찬송하였도다 내가 내 마음에 죄악을 품으면 주께서 듣지 아니하시리라 그러나 하나님이 실로 들으셨으며 내 기도 소리에 주의하셨도다(시 66:17-19).

솔직함은 기도 활동을 구성하는 한 부분이다. 솔직함이 없는 기도라면 하나님은 그 기도를 좋은 의미의 기도로 간주하지 않으시기 때문이다.

> 내가 여호와께 아뢰되 주는 나의 주시오니 주 밖에는 나의 복이 없다 하였나이다 땅에 있는 성도는 존귀한 자니 나의 모든 즐거움이 저희에게 있도다 다른 신에게 예물을 드리는 자는 괴로움이 더할 것이라 나는 저희가 드리는 피의 전제를 드리지 아니하며 내 입술로 그 이름도 부르지 아니하리로다(시 16:2-4).
> 너희는 내게 부르짖으며 와서 내게 기도하면 내가 너희를 들을 것이요 너희가 전심으로 나를 찾고 찾으면 나를 만나리라(렘 29:12-13).

완전한 기도

하나님은 저들의 기도가 솔직하지 않은 까닭에 거절하셨다. 이스라엘을 다음과 같이 꾸짖으셨다.

성심으로 나를 부르지 아니하였으며 오직 침상에서 슬피 부르짖으며 곡식과 새 포도주를 인하여 모이며 나를 거역하는도다(호 7:14).

그들은 침상 위에서 울부짖을 때 "마음으로" 즉, 솔직함으로 부르짖지 않았다. 반대로, 그들은 겉치레로, 위선적 행위로 즉, 사람들에게 보이고 갈채를 받기 위해 기도했다. 솔직함은 그리스도께서, 자기에게 다가오는 나다나엘을 보시고 "속에 거짓됨이 없는 사람"이라고 칭찬하신 그 덕목이었다(요 1:47). 아마도 이 선한 사람은 무화과나무 아래에서 기도로 자신의 영혼을 하나님께 토로하고 있었던 것 같다. 즉, 하나님 앞에서 솔직하고 거짓 없는 영으로 기도했던 것 같다. 솔직함이라는 필수 성분을 갖춘 기도는 하나님이 주목하시는 기도이다.

솔직한 자의 기도는 그가 기뻐하시느니라(잠 15:8).

그러면, 솔직함이 하나님이 받으시는 기도의 필수요소 가운데 하나여야 하는 까닭은 무엇인가? 솔직함은 당신의 영혼을 솔직담백하게 만들어서 당신의 마음을 하나님께 활짝 열어주고 당신의 문제를 하나님께 모호하지 않고 분명하게 말씀드리도록 해주기 때문이다. 또한 자기 자신의 죄를 시치미 떼지 않고 분명하게 정죄하며, 듣기 좋은 말이 아니라 진심으로 하나님께 부르짖도록 해주기 때문이다.

에브라임이 스스로 **탄식함**을 내가 정녕히 들었노니 이르기를 주께서 나를 징벌하시매 멍에에 익숙지 못한 송아지 같은 내가 징벌을 받았나이다(렘 31:18).

솔직함이란 세상을 정면으로 대면할 때나 외딴 곳에 홀로 있을 때나 똑같은 것이다. 솔직함은 두 개의 가면 즉, 사람들 앞에 보이기 위해 착용하는 가면과, 외딴 모퉁이에서 잠깐 동안 착용하는 가면을 번갈아 쓰는 법을 모른다. 오히려 솔직함에겐 하나님이 있고 하나님과 함께 머물면서 기도의 의무를 다하고 있음에 틀림없다. 하나님이 존중하시는 것은 입술운동이 아니다. 하나님이 주목하는 것은 마음이다. 솔직함이 바라보는 것은 마음이다. 만일 솔직함을 수반한 기도라면 그 기도가 나오는 곳은 역시 마음이다.

2. 기도는 지각이 있어야 한다

기도는 많은 사람들이 생각하듯이 듣기 좋은 표현 몇 마디를 중얼거리는 것, 입술을 나불거리는 것이 아니다. 기도는 마음속에 존재하는 지각력 있는 감정을 쏟아내는 것이다. 기도 속에는 다양한 것들에 대한 지각이 있다. 즉, 때로는 죄에 대한 지각일 수도 있고 때로는 받은 은혜일 수도 있고 때로는 하나님이 은혜를 부어주실 준비가 되셨다는 지각일 수도 있다.

(1) 죄의 위험으로 인해, **자비가 필요하다는 지각**

영혼은 그렇게 느끼고, 그러한 느낌으로 인해 한숨을 쉬고 신음하며 마음이 상한다. 올바른 기도는 슬픔과 비통에 짓눌릴 때 마음에서 솟아 나오는 것이다. 그것은 마치 육신이 무거운 짐을 짊어지고 있을 때 피가 쏠리는 것과 같다(삼상 1:10, 시 69:3). 다윗이 크게 신음하며 울부짖고 슬피 울어 기진맥진해지고 눈이 침침해졌고 갈증이 생겼다(시 38:8-10). 히스기야가 비둘기처럼 구슬프게 울었다(사 38:14). 에브라임이 탄식했다(렘 31:18). 베드로가 "심히 통곡"했다(마 26:75). 그리스도께서 "심한 통곡과 눈물"로 간구했다(히 5:7). 이 모든 것은 하나님의 정의로우심, 죄책, 지옥의 고통과 파멸을 지각함으로써 나온 것들이다.

> 여호와께서 내 음성과 내 간구를 들으시므로 내가 저를 사랑하는도다 그 귀를 내게 기울이셨으므로 내가 평생에 기도하리로다 사망의 줄이 나를 두르고 음부의 고통이 내게 미치므로 내가 환난과 슬픔을 만났을 때에 내가 여호와의 이름으로 기도하기를 여호와여 주께 구하오니 내 영혼을 건지소서 하였도다(시 116:1-4).
>
> 나의 환난날에 내가 주를 찾았으며 밤에는 내 손을 들고 거두지 아니하였으며(시 77:2).
>
> 내가 아프고 심히 구부러졌으며 종일토록 슬픈 중에 다니나이다(시 38:6).

위에 든 모든 사례에서 그리고 이 외에도 성경에 있는 수많은 사례를 통해 확인할 수 있는 것은 기도는 지각 있는 감정적 기질을 담고 있으며 또한 먼저 죄에 대한 이성으로부터 나오는 그런 것을 담고 있다는 사실이다.

(2) 하나님이 **자비를 부어주신다**는 지각

때때로 하나님으로부터 받는 자비에 대한 달콤한 지각이 있다. 용기를 북돋아주고, 위로를 주고, 굳건하게 해주고, 생기를 주고, 빛을 주는 자비를 하나님이 주셨음을 느끼게 된다. 그러므로 다윗이 이처럼 비참하고 더러운 파탄자에게 베푸신 자애로움으로 인해 위대한 하나님을 축복하고 찬양하고 경배하기 위해 자신의 영혼을 쏟아낸다.

> 내 영혼아 여호와를 송축하며 그 모든 은택을 잊지 말지어다 저가 네 모든 죄악을 사하시며 네 모든 병을 고치시며 네 생명을 파멸에서 구속하시고 인자와 긍휼로 관을 씌우시며 좋은 것으로 네 소원을 만족케 하사 네 청춘으로 독수리 같이 새롭게 하시는도다(시 103:2-5).

그래서 성도들의 기도가 찬양과 감사로 바뀌기도 한다. 그렇더라도 여전히 기도이다. 이것은 하나의 신비이다. 하나님의 백성들이 찬양으로 기도한다. 빌립보서 4:6을 보자.

> 아무 것도 염려하지 말고 오직 모든 일에 기도와 간구로, 너희 구할 것을 감사함으로 하나님께 아뢰라(빌 4:6).

완전한 기도

하나님으로부터 받은 은혜에 대한 지각 있는 감사는 하나님이 보시기에 강력한 기도이다. 이런 기도는 형언할 수 없는 설득력을 지닌다.

(3) 앞으로 받을 자비에 대한 지각이 있다

기도 속에는, 앞으로 받게 될 자비에 대한 영혼의 지각이 있을 때도 있다. 다시 이것은 영혼을 불타오르게 한다.

> 만군의 여호와 이스라엘의 하나님이여 주의 종에게 알게 하여 이르시기를 내가 너를 위해 집을 세우리라 하신 고로 주의 종이 이 기도로 구할 마음이 생겼나이다(삼하 7:27).

하나님께서 자비를 베풀 것임을 지각함으로써 야곱, 다윗, 다니엘, 그리고 다른 사람들이 강력하고 열정적이고 지속적으로 자신들의 상태를 하나님께 토로하게 되었다. 이러한 기도는 발작적으로 느닷없이 하는 기도가 아니고 종이 위에 써놓은 몇 마디를 어리석고 천박하게 중얼거리는 그런 기도가 아니다. 자신들에게 부족한 것들과 자신들의 비참함과 하나님이 기꺼이 자기들에게 자비를 베푸실 것임을 지각하고 있기 때문에 토해내는 기도이다(창 32:10-11, 잠 9:3-4).

죄악, 하나님의 진노, 하나님께서 기운을 북돋아주심, 이런 것을 잘 지각하는 것은 천주교 신자들과 수도사들이 수집하고 편집하여 고안한 그런 기도 책자보다 훨씬 낫다. 그러므로 나는 그따위 것들을 원치 않는다.

3. 기도는 애정을 담고 있어야 한다

오! 올바른 기도 속에 있는 열정, 힘, 생명, 활력, 그리고 애정이여!

하나님이여 사슴이 시냇물을 찾기에 갈급함 같이 내 영혼이 주를 찾
기에 갈급하니이다(시 42:1).
내가 주의 법도를 사모하였사오니 주의 의에 나를 소성케 하소서…
여호와여 내가 주의 구원을 사모하였사오며 주의 법을 즐거워하나
이다(시 119:40, 174).
내 영혼이 여호와의 궁정을 사모하여 쇠약함이여 내 마음과 육체가
생존하시는 하나님께 부르짖나이다(시 84:2).
주의 규례를 항상 사모함으로 내 마음이 상하나이다(시 119:20).

여기에서, "항상 사모함으로 내 마음이 상하나이다"라는 말에
주목하라. 오! 기도 속에는, 정말이지 애정-정열, 정서-이 깃들어
있다! 다니엘에게도 이런 것이 있다.

주여 들으소서 주여 용서하소서 주여 들으시고 행하소서 지체치 마
옵소서 나의 하나님이여 주 자신을 위해 하시옵소서 이는 주의 성과
주의 백성이 주의 이름으로 일컫는바 됨이니이다(단 9:19).

완전한 기도

이 기도의 모든 음절은 강력한 열정을 담고 있다. 사도 야고보는 이런 기도를 열렬한 혹은 역사를 일으키는 기도라고 불렀다(약 5:16). 신약성경의 증언을 하나 더 살펴보자.

예수께서 힘쓰고 애써 더욱 간절히(눅 22:44).

예수께서는 하나님의 돕는 손길을 찾아 자신의 애정을 더욱 더 끌어냈다. 오! 대부분의 사람들이 행하는 기도는, 하나님이 생각하시는 기도와 정말 동떨어져 있지 않은가! 거의 대부분의 사람들은 기도의 의무를 소홀히 한 것에 대해서는 일말의 가책도 느끼지 않는다. 그런 사람들에 관해 말하자면, 그들 가운데는 자신의 마음 혹은 영혼을 하나님께 솔직하고 지각 있고 애정을 담아 쏟아내는 일〔진정한 기도〕에 너무나 동떨어져 있다는 사실을 두려워해야 마땅한 사람들이 많다. 한갓 공상적인 기도에, 중얼거리는 시원찮은 입술운동과 신체활동으로 만족하고 있는 것에 불과하기 때문이다. 기도에 애정을 쏟아 붓는다는 것은 기도할 때 전인격을 몰입시키는 것이다. 또한 그 영혼이 바라던 유익을 얻지 못하고 지내기보다는 차라리 자신을 소진시켜버릴 만한 그런 것 즉, 그리스도와의 교제 및 위로에 전념하는 것이다. 그러한 까닭에, 성도들은 그 축복 없이 살기 보다는 차라리 자신들의 힘을 소진하고 자신들의 생명을 버리는 길을 선택해왔다(시 69:3, 38:9-10, 창 32:24, 26).

기도의 **능력**이 아니라 그 모양을 몹시 좋아하는 자들의 마음을 지배하는 무지, 속됨, 시기의 정신에 의해 이 모든 것이 너무 너무

명백해진다. 거듭난다는 것, 성자를 통해 성부와 교제를 나눈다는 것, 자신들의 마음을 거룩하게 만들어주는 은혜의 능력을 느껴본다는 것, 그런 것이 무엇인지 아는 사람이라면, 그런 자들 틈에 끼지 않는다. 오히려, 모양을 좋아하고 무지와 속됨과 시기의 정신에 사로잡힌 자들은 그렇게 기도함에도 불구하고 저주받고 술주정하고 음란하고 가증스러우며, 악의와 시기와 기만이 가득 찬 인생을 살며, 하나님의 소중한 자녀들을 핍박한다. 오! 정말이지 무서운 불벼락이 이 위선자들에게 다가온다! 이 위선자들이 제아무리 모여 봤자, 제아무리 기도해 봤자, 불벼락을 막을 수 없고 전혀 도움을 얻을 수도 없을 것이다.

기도는 마음 혹은 영혼을 **쏟아내는 것**이다. 사람의 속내를 털어놓는 것, 마음을 하나님께 여는 것, 간청과 한숨과 신음으로 영혼이 애정과 함께 쏟아내는 것, 그런 것이 기도 속에 들어있다.

주여 나의 모든 소원이 주의 앞에 있사오며 나의 탄식이 주의 앞에 감추이지 아니하나이다(시 38:9).
내 영혼이 하나님 곧 생존하시는 하나님을 갈망하나니 내가 어느 때에 나아가서 하나님 앞에 뵈올꼬…내가 전에 성일을 지키는 무리와 동행하여 기쁨과 찬송의 소리를 **발하며** 저희를 하나님의 집으로 인도하였더니 이제 이 일을 기억하고 내 마음이 상하는도다(시 42:2-4).

4절의 "발하며"는 "쇠파크"의 번역인데 본래 "내 영혼을 쏟아냅니다"라는 말이다. 이 표현에 주목하라. 이것은 기도할 때 하나님께

완전한 기도

생명까지도 그리고 온 힘을 다 기울인다는 의미를 표현한 것이다. 또 다른 말씀을 찾아보자.

> 백성들아 시시로 저를 의지하고 그 앞에 마음을 토하라(시 62:8).

비참한 피조물을, 속박과 예속에서 꺼내어 즉, 구원해준다는 약속이 있는 기도란 바로 이런 것이다.

> 그러나 네가 거기서 네 하나님 여호와를 구하게 되리니 만일 마음을 다하고 성품을 다하여 그를 구하면 만나리라(신 4:29).

다시 말하자면, 기도란 마음 혹은 영혼을 **하나님께** 쏟아내는 것이다. 이것은 또한 기도의 영의 탁월성을 보여준다. 기도는 세상에서 물러나, 위대하신 하나님께로 나아가는 것이다. 우리가 하나님 앞으로 나아가야할 때는 언제인가? 실제로 이처럼 기도하는 영혼이, 하늘 아래에 있는 모든 것이 헛되다는 사실을 알고 있으며 오직 하나님께만 영혼의 안식과 충족이 있다는 사실을 안다.

> 참 과부로서 외로운 자는 하나님께 소망을 두어 주야로 항상 간구와 기도를 하거니와(딤전 5:5).

다윗도 시편에서 같은 말을 했다.

여호와여 내가 주께 피하오니 나로 영영히 수치를 당케 마소서 주의
의로 나를 건지시며 나를 풀어주시며 주의 귀를 내게 기울이사 나를
구원하소서 주는 나의 무시로 피하여 거할 바위가 되소서 주께서 나
를 구원하라 명하셨으니 이는 주께서 나의 반석이시요 나의 산성이
심이니이다 나의 하나님이여 나를 악인의 손 곧 불의한 자와 흉악한
자의 장중에서 피하게 하소서 주 여호와여 주는 나의 소망이시요 나
의 어릴 때부터 의지시라(시 71:1-5).

하나님을 습관적으로 입에 올리는 사람들이 많다. 그러나 올바
른 기도를 통해서만 하나님은 소망과 반석 그리고 모든 것이 되신
다. 올바른 기도란 하나님 이외의 어떤 것도 실질적이거나 추구해
야할 가치가 있다고 여기지 않는 것이다. 올바른 기도란 위에서 언
급한 것처럼, 솔직하고 지각 있고 애정을 담은 기도를 가리킨다.

기도는 마음 혹은 영혼을 하나님께 솔직하고 분별 있고 애정을
담아서 쏟아내되, **그리스도를 통해서** 쏟아내는 것이다. "그리스도
를 통해서"라는 이 말을 반드시 덧붙이지 않으면 안 된다. 이렇게
하지 않는 기도라면, 비록 겉보기에 매우 특출나거나 유창할지라도
그것이 올바른 기도인지 아닌지 반드시 의문을 제기해야 한다.

그리스도는 길이다. 영혼이 하나님 앞으로 나아가는 길이다. 그
래서 사람은 그리스도를 통하지 않고서는, 하나님께 나아가서 자신
이 원하는 것을 말씀드릴 수 없다(요 14:6).

너희가 내 이름으로 무엇을 구하든지 내가 시행하리니 이는 아버지

완전한 기도

로 하여금 아들을 인하여 영광을 얻으시게 하려 함이라 내 이름으로 무엇이든지 내게 구하면 내가 시행하리라(요 15:13-14).

다니엘이 하나님의 백성들을 위해 기도할 때 이렇게 했다. 다니엘은 그리스도의 이름으로 기도하였던 것이다.

그러하온즉 우리 하나님이여 지금 주의 종의 기도와 간구를 들으시고 주를 위해 주의 얼굴 빛을 주의 황폐한 성소에 비춰시옵소서(단 9:17).

다윗도 마찬가지로, "여호와여 나의 죄악이 중대하오니 주의 이름을 인하여 사하소서"라고 기도했다(시 25:11). 그러나 지금, 기도할 때 그리스도의 이름을 언급한다고 해서 모든 사람이 실제로, 효과적으로, 그리스도의 이름으로 혹은 그리스도를 통해서 하나님께 기도하는 것이 아니다. 그렇다. 그리스도를 통해 하나님께 나온다는 이것이, 기도에서 가장 힘든 부분이다. 사람은 그리스도가 성취한 것이 무엇인지 알아내고 그리스도의 자비를 매우 진지하게 갈망하기가 차라리 훨씬 더 용이한 일이다. 그러나 그리스도에 의해 하나님께 나오지 못할 수가 있다. 그리스도에 의해 하나님께 나아오는 그 사람은 반드시 먼저 그리스도를 알아야 한다.

믿음이 없이는 기쁘시게 못하나니 하나님께 나아가는 자는 반드시 그가 계신 것…을 믿어야 할지니라(히 11:6).

그래서 그리스도를 통해서 하나님께 나아가는 자는 반드시 그리스도를 알 수 있게 된다. 모세가 "원컨대 주의 길을 내게 보이사 내게 주를 알리시고 나로 주의 목전에 은총을 입게 하시며"라고 간구했다(출 33:13).

성부 하나님 이외의 어떤 존재도 예수 그리스도를 참되게 계시할 수 없다. 주님께서도 "모든 것을 내 아버지가 내게 맡기셨다. 아버지 이외에 어떤 누구도 아들을 모른다. 그리고 아들과 아들이 계시해주고자 선택해낸 사람들 이외에는 어떤 누구도 아버지를 모른다"라고 말씀하셨다(마 11:27). 그리스도를 통해 하나님께로 나온다는 것은, 하나님이 그 영혼을 주 예수의 그림자로 덮으실 수 있도록 만들었다는 뜻이다. 이것은 마치 어떤 사람이 어떤 것으로 자신을 덮어서 보호받도록 하는 것과 같은 것이다(마 16:16). 바로 그런 이유 때문에 다윗이 그리스도를 그토록 자주 자신의 방패, 작은 방패, 망루, 요새, 지켜주는 반석이라고 불렀던 것이다(시 18:2, 27:1, 28:1). 다윗이 자신의 원수들을 그리스도를 통해 이겼기 때문만이 아니라 그리스도를 통해 성부 하나님의 은총을 받았기 때문이기도 하다. 또한 하나님은 아브라함에게, "이 후에 여호와의 말씀이 이상 중에 아브람에게 임하여 가라사대 아브람아 두려워 말라 나는 너의 방패요 너의 지극히 큰 상급이니라"라고 말씀하셨다(창 15:1).

그리스도를 통해 하나님께 나오는 사람은 틀림없이 믿음이 있는 사람이다. 이런 사람은 그 믿음에 의해 그리스도를 신뢰하고, 그리스도 안에서 하나님 앞에 서게 된다. 믿음이 있는 자는 하나님으로부터 태어난 사람 즉, 거듭난 사람이며 따라서 하나님의 자녀이다. 이럼으로써 그리스도와 연합을 이루고 그 지체가 된 사람이다 (요 3:5-7). 그러므로 그는 그리스도의 지체라는 신분으로 두 번째로 하나님께 나아간다. 무슨 말이냐 하면, 이 사람은 그리스도의 지체가 되었기 때문에 하나님은 이 사람을 그리스도의 일부로 간주하여 보신다는 뜻이다. 저 비참한 죄인은 하나님이 죄인의 마음속에 성령을 보내주심으로써 낳은 선택과 회개와 조명에 의해 그리스도와 연합을 이룬 탓에 이제 그리스도의 육신 즉, 살과 뼈의 일부가 되었다(엡 5:30). 그런데 이제는 그리스도의 공로 속에서 즉, 그리스도의 피와 의義와 중재 속에서 하나님께로 나아가서 "하나님의 사랑 받는 자 안에서" 영접 받는다(엡 1:6). 저 비참한 피조물은 이렇게 주 예수의 지체가 되었고 이 점을 고려하여 하나님께로 나아가도록 허락된 것이기 때문에, 이 연합에 의거해서 성령이 임한다. 이렇게 됨으로써 회중과 함께 하나님 앞에 자기 자신을 즉, 자신의 영혼을 쏟아낼 수 있는 것이다. 이런 특징은 또한 다음 즉, 네 번째 특징으로 우리를 인도한다.

4. 기도는 성령의 도우심을 받아야 한다

이 특징들은 상호의존적이다. "그리스도를 통해," "그리스도와 연합하여," "성령의 도우심을 받아"라는 특징들이 모두 한꺼번에 발생하지 않으면 기도라고 할 수 없을 정도다. 이런 특징들이 빠진 기도는 제아무리 멋져보여도 하나님이 거절하시는 것에 불과할 뿐이다. 마음 혹은 영혼을 하나님께 솔직하고 분별 있게 애정을 담아 쏟아냄이라는 특징들이 빠진 기도는 단지 입술운동에 불과할 뿐이다. 그리스도를 통해서 하는 기도가 아니라면 하나님의 귀에 훨씬 못 미칠 뿐이다. 또한, 성령의 힘과 도우심으로 하는 기도가 아니라면, 광야에서 아론의 아들들이 하나님이 명하지 않은 다른 불로 분향한 것과 다를 것이 없다(레 10:1-2). 그러나 이 점에 관해서는 두 번째 주제를 다룰 때 더욱 자세히 거론하겠다. 그러므로 여기에서 간단히 언급하자면, 성령의 가르침과 도우심을 통해서 드려지지 않은 기도는 "하나님의 뜻을 따라" 드려진 기도일 수 없다.

5. 하나님이 약속하신 것들을 구해야 한다

기도는 **하나님이 약속하신 것들을 구하기 위해**, 성령의 힘과 도우심을 통해 솔직하고 지각 있고 애정을 담아 마음 혹은 영혼을 하나님께 쏟아내는 것이다(마 6:6-8). 기도는 하나님의 말씀의 테두리 안에 있을 때에야 기도인 것이다. 기도가 말씀의 범위를 벗어 날 때에는 신성모독이며 기껏해야 헛된 나불거림일 뿐이다. 그러므로 다윗은 기도할 때 계속해서 하나님의 말씀을 바라보았다. 다윗은, 내 영혼이 흙바닥에 뒹구니 주의 말씀에 따라 나를 살려주십시오…내 영혼이 짓눌려 녹아버리니 주의 말씀에 따라 나를 굳세게 하여주십시오라고 간구했다(시 119:25-28). 시편 119편을 찾아 41절, 42절, 58절, 65절, 74절, 81절, 82절, 107절, 147절, 154절, 169절, 170절을 읽어 보자. 그리고 다시, 49절을 보자.

완전한 기도

주의 종에게 하신 말씀을 기억하소서 주께서 나로 소망이 있게 하셨나이다(시 119:49).

실제로 성령은 말씀 없이는 그리스도인의 마음을 즉각적으로 살려주거나 자극을 주지 않는다. 말씀에 의해, 말씀과 함께, 말씀을 통해, 말씀을 마음에 가져다줌으로써, 말씀을 열어주심으로, 우리 안에 하나님께 나아갈 마음이 생기고 우리의 사정이 어떤지를 고백하게 된다. 또한 말씀을 따라 주장하고 간청하게 된다. 하나님의 강력한 선지자인 다니엘의 경우가 이랬다. 다니엘은 이스라엘 백성들의 혹독한 포로생활이 끝나간다는 것을 말씀을 통해 깨닫고 하나님께 기도했다.

나 다니엘이 서책으로 말미암아 여호와의 말씀이 선지자 예레미야에게 임하여 고하신 그 연수를 깨달았나니 곧 예루살렘의 황무함이 칠십년만에 마치리라 하신 것이니라 내가 금식하며 베옷을 입고 재를 무릅쓰고 주 하나님께 기도하며 간구하기를 결심하고 내 하나님 여호와께 기도하며 자복하여 이르기를 크시고 두려워 할 주 하나님, 주를 사랑하고 주의 계명을 지키는 자를 위해 언약을 지키시고 그에게 인자를 베푸시는 자시여(단 9:2-3).

그러므로 나는 성령은 영혼을 돕는 분이요 통치자이기 때문에 영혼이 하나님의 말씀에 따라 기도하면, 하나님의 말씀에 의해 그리고 하나님의 말씀에 따라 인도해 주신다고 단언한다. 바로 이런 이유 때문에 우리 주 예수 그리스도께서는 자신의 목숨이 위태로움에도 불구하고 구원해 달라는 기도를 멈추었다. 주께서는, 성부께 기도할 수 있고 아버지는 수많은 천사들을 보내실 수 있다고 말씀하셨다. 그러나 이런 식으로 하면, 어떻게 성경을 이룰 수 있겠냐고 말씀하셨다(마 26:53-54). 성경에 그래도 된다는 말씀이 단 한 마디만이라도 있었다면 주님은 그렇게 간구하여 자신의 원수들의 손아귀를 벗어났을 것이며 천사들의 도움을 받았을 것이다. 그러나 성경은 이런 종류의 기도가 정당하다고 보지 않는다. 성경은 오히려 다른 식으로 말한다. 말씀과 약속대로 하는 것이 기도이다. 정말이지 성령은 기도의 태도와 내용 모두를 말씀에 의해 인도한다.

내가 영으로 기도하고
마음으로도 기도하겠다

그러나 말씀이 없다면 이성도 없다. 만일 하나님의 말씀을 거절한다면, "그들에게 무슨 지혜가 있을까?"(렘 8:9).

6. 교회의 유익을 위해

"교회의 유익을 위해"라는 이 어구는, 하나님을 존귀케 하거나 그리스도를 높이거나 하나님의 백성들에게 유익을 주거나 하는 경향이 있는 모든 것을 포괄한다. 하나님, 그리스도, 하나님의 백성, 이 셋은 서로 긴밀하게 연결되어 있다. 그래서 만일 어느 한쪽의 유익을 위해 기도하면 교회, 하나님의 영광, 그리스도의 진보가 반드시 포함되게 되어 있다. 그리스도가 아버지 안에 있는 것처럼 성도들은 그리스도 안에 있다. 성도들을 때리는 자는 하나님의 눈동자를 때리는 것이다. 그러므로 예루살렘의 평화를 위해 기도하라. 그러면 너에게 필요한 모든 것을 달라고 기도하는 셈이다. 예루살렘은 하늘나라에 이를 때까지는 결코 완벽한 평화를 누리지 못할 것이다. 그리스도께서 가장 열망하는 것은 예루살렘이 하늘나라에 이르는 것이다. 하늘은 하나님이 그리스도를 통해 교회에게 주신 자리이다. 그러므로 시온 즉, 교회의 평화와 유익을 위해 기도하는 자는, 그리스도가 자기 피로 값 주고 사신 것을, 성부 하나님이 그 대가로 그리스도에 주신 그것을 기도로 구하는 것이다. 이것을 위해 기도하는 자는 교회에 필요한 넘치는 은혜를 그리고, 교회가 당하는 모든 유혹을 이길 도움을 달라고 기도하지 않으면 안 된다. 또한, 교회가 감당치 못할 어떤 것도 허용하시지 말아달라고, 모든 것들이 합력하여 교회의 유익을 이루게 해 달라고, 하나님의 자녀들이 하나님의 영광에 이를 때까지 이 부정직하고 심술궂은 민족 중에 거하는 동안 흠 없는 상태를 유지하고 해를 받지 않게 해 달라고 기도해야 한다. 이것이 요한복음 17장에서 그리스도께서 하신 기도의 본질이다. 바울의 모든 기도는 이 방식을 따랐다. 빌립보서 1:9-11은 이 점을 탁월하게 보여주는 바울의 기도 가운데 하나이다.

내가 기도하노라 너희 사랑을 지식과 모든 총명으로 점점 더 풍성하게 하사 너희로 지극히 선한 것을 분별하며 또 진실하여 허물없이 그리스도의 날까지 이르고 예수 그리스도로 말미암아 의의 열매가 가득하여 하나님의 영광과 찬송이 되게 하시기를 구하노라(빌 1:9-11).

여러분의 눈으로 확인하였듯이, 바울의 이 기도는 짧다. 하지만 처음부터 끝까지, 교회에 유익을 주고자 하는 바램으로 가득 차 있다. 바울은 교회가 성령의 지극히 탁월한 틀 안에서 그리스도의 날에 이를 때까지 흠 없고 진실하고 허물없는 상태를 지속하기를 기도했다. 교회가 받는 유혹이나 박해가 그들이 뜻하는 것이 되도록 하라. 에베소서 1:16-21, 3:14-19, 골로새서 1:9-13에 있는 바울의 기도를 찾아서 읽어봐라.

7. 하나님의 뜻에 복종하는 기도여야 한다

앞에서 언급한 것처럼, 기도는 하나님의 뜻에 복종하는 것이며 그리스도께서 우리에게 가르치신 대로(마 6:10) "주의 뜻이 이루어지이다"라고 말하는 것이기 때문에, 당연히 주의 백성들은 주의 발 앞에 겸손히 엎드려 기도하며 자신이 소유한 모든 것들을 주의 처분에 맡겨야 한다. 하늘의 지혜를 가지신 그분이 가장 잘 알기 때문이다. 그리고 우리는 전혀 의심하지 말아야 한다. 하나님이 자기 백성들의 소원을, 백성들의 유익과 자신의 영광에 가장 부합할 방식으로 응답하시기 때문이다. 그러므로 성도들이 하나님의 뜻에 순복하여 기도드릴 때, 성도들을 향한 하나님의 사랑과 친절을 의심하거나 의문을 제기해서는 안 된다. 성도들이라고 해서 언제나 지혜

완전한 기도

로운 것은 아니며 때때로 사탄이 성도들을 속여서 잘못된 방법으로 기도하도록 미혹시키기 때문이다. 사탄에게 미혹되어 기도한다면 결국, 하나님을 영광스럽게 하지도 하나님의 백성들에게 최선의 유익을 주지도 않는 기도로 판명되고 말 것이다.

그를 향하여 우리의 가진바 담대한 것이 이것이니 그의 뜻대로 무엇을 구하면 들으심이라 우리가 무엇이든지 구하는 바를 들으시는 줄을 안즉 우리가 그에게 구한 그것을 얻은 줄을 또한 아느니라(요일 4:14-15).

위에서 언급한 것처럼, 성령 안에서 그리고 성령을 통해서 드리지 않은 그런 간구는 응답을 받지 못한다. 하나님의 뜻을 외면하고 있기 때문이다. 오직 성령만이 하나님의 뜻을 알고 있으며 따라서 결과적으로 성령만이 하나님의 뜻에 따로 기도하는 법을 알고 있기 때문이다.

사람의 사정을 사람의 속에 있는 영 외에는 누가 알리요 이와 같이 하나님의 사정도 하나님의 영 외에는 아무도 알지 못하느니라(고전 2:11).

이 점에 대해서는 나중에 좀 더 자세히 다루도록 하겠다. 지금까지 기도의 정의를 논했다. 다음 장에서는 성령과 함께 기도한다는 것이 무엇인지를 논하겠다.

2장
성령과 함께 기도한다는 것은 무엇인가

내가 영으로 기도하고(고전 14:15)

성령과 함께 기도한다는 것은, 하나님의 영접을 받기 위해 기도하는 사람의 기도를 가리킨다. 즉, 앞에서 언급한 것처럼, 그리스도를 통해 솔직하고 지각 있고 애정을 가지고 하나님께로 나아가는 사람을 가리킨다. 솔직하고 지각 있고 애정을 가지고 하나님께로 나온다는 것은, 하나님의 성령이 일으키시는 역사임에 틀림없다.

세상에 있는 어떤 사람도 어떤 교회도, 성령의 도우심에 의하지 않고는 기도로 하나님께 나오지 못한다.

> 저로 말미암아 우리 둘이 한 성령 안에서 아버지께 나아감을 얻게 하려 하심이라(엡 2:18).

그래서 바울이 로마서에서 다음과 같이 말했다.

완전한 기도

우리가 마땅히 빌 바를 알지 못하나 오직 성령이 말할 수 없는 탄식으로 우리를 위해 친히 간구하시느니라 마음을 감찰하시는 이가 성령의 생각을 아시나니 이는 성령이 **하나님의 뜻**대로 성도를 위해 간구하심이니라(롬 8:26-27).

이 성경구절은 기도의 영이 함께 하지 않으면 즉, 사람은 기도의 영이 없이는 기도할 능력이 없다는 점이 매우 충분하게 드러나 있다. 그러므로 이점에 관해 몇 마디 적고자 한다.

① "(왜냐하면) 우리가": 먼저 화자話者인 바울에 대해 그리고 다른 사도들에 대해 고찰하자. 우리 사도들, 우리 예외적인 직분자들, 지혜로운 건축책임자들, 그런 우리들 가운데 몇 사람은 낙원에 올라갔다왔다(롬 15:16, 고전 3:10, 고후 12:4).

② "우리가 마땅히 빌 바를 알지 못하나": 즉, 사도들이 무엇을 위해 기도해야 할지 알지 못한다고 고백하지만 어떤 사람이든 어떤 누구도, 바울과 그의 동료들이 하나님을 위해 일할 능력이 있었다는 사실을 부인하지 못한다. 바울과 그 동료들이 천주교의 주교 혹은 자만심 많은 사제들 못지않은 능력을 갖추고 있었고, 최초로 공동기도서를 작성한 사람들만큼 유능한 사람들이었다. 은혜와 은사들에 있어서도 다른 사람들에게 뒤지지 않는 사역자들이었다. 그런데도 "우리가 무엇을 위해 기도해야 할지 알지 못한다"라고 말했다. 우리는 기도로 무엇을 구해야 할지, 누구에게 기도를 드려야 할지, 기도할 때 의지하고 경유해야 할 매개체, 이런 것들을 전혀 몰랐다. 우리가 알고 있는 것이라고는 단지, 성령의 도움과 조력을 의

지한다는 것뿐이다. 우리는 그리스도를 통해 하나님과의 교제를 구하는 기도를 해야 할까? 믿음을, 은혜에 의해 의롭다함을, 참으로 성결케 된 마음을 달라고 기도해야 할까? 이 모든 것들을 우리는 전혀 몰랐다.

> 사람의 사정을 사람의 속에 있는 영 외에는 누가 알리요 이와 같이 하나님의 사정도 하나님의 영 외에는 아무도 알지 못하느니라(고전 2:11).

그러나 여기에서, 오호라! 바울이 내적이며 영적인 것, 세상이 전혀 알지 못하는 것을 언급하고 있다(사 29:11).

다시 말해서, 성령의 도우심이 없이는 **무엇**을 기도할지 전혀 알 수 없는 것처럼 성령의 도움이 없이는 **어떻게** 기도할지도 전혀 알지 못한다. 그래서 바울이 "우리가 무엇을 위해 기도해야 할지 알지 못한다"라는 말을 덧붙였다. 그러나 성령은, 말로 표현할 수 없는 한숨과 신음으로 우리의 연약함을 돕는다. 여기에서 주목해야 할 초점은, 이 의무를 우리 시대의 사람들이 스스로 해낼 수 있다고 생각하고 있는 것만큼 저들은 잘, 그리고 충분히 완수할 수 없었다는 점이다.

사도들은 자신들이 최선의 상태에 있을 때 즉, 성령의 도움을 받고 있었을 때, 바로 그런 때에, 한숨과 신음으로 완수하기를 간절히 원했다. 한숨과 신음이라는 말로는 사도들의 마음을 표현하지 못한다. 단지, 말로 형언할 수 없는 한숨과 신음이라고 표현하는 길밖에

완전한 기도

없다.

　그러나 이제, 우리 시대의 지혜로운 사람들은 자기 기도의 내용과 수단을 마치 가지고 놀듯이 솜씨 좋게 다룬다. 그래서 이런 날에는 이런 기도를 하라고, 그것도 자그마치 20년 치를 정해 놓는다. 성탄절을 위한 기도, 부활절을 위한 기도, 부활절 이후 6일 동안 드릴 각각의 기도들도 정해 놓는다. 그들은 그런 기도문들을 공적인 자리에서 사용할 때에는 각각 몇 개의 음절로 말해야 하는 지에 관해서도 정해 놓았다. 게다가 모든 성자의 기념일에 대해서도, 아직 태어나지 않은 세대들이 사용할 기도문들도 준비해 놓았다. 이 사람들은 여러분에게, 무릎 꿇을 때, 일어설 때, 자리에 앉을 때, 성단聖壇 앞으로 나아갈 때, 자리로 돌아올 때를 구분해 주고, 어떤 기도를 해야 할 지를 분별해 줄 수도 있다. 우리의 사도들은 이 모든 것들에 대해서는 능력이 없었다. 그래서 이처럼 심오한 수단을 꾸며내지 못했다. 그래서 그런 말씀을 성경에 포함한 것이다. 하나님에 대한 경외심으로 인해 사도들은 자신들이 마땅히 기도해야 하는 대로 기도하지 않을 수 없었기 때문이었다.

　③ "마땅히": 이 말에 주목하자. 이 말을 생각하지 않거나, 그 정신 및 진리를 조금이라도 깨닫지 못하는 사람들은, 하나님의 말씀에 계시된 그대로 하기 보다는 여로보암처럼 그 내용과 수단에 있어서 하나님의 말씀과는 다른 방식을 고안해 내었다(왕상 12:26-33). 그러나 바울의 말에 따르면, 우리는 우리가 마땅히 기도해야 하는 방식대로 기도해야 한다. 사람들이나 천사들의 온갖 솜씨, 기교, 그리고 교묘한 장치에 의거하여 행해서는 안 된다.

"우리가 마땅히 빌 바를 알지 못하나 오직 성령이…": 그렇다. 좀 더 나아가야 한다. 우리의 연약함을 도우시는 이는, 성령과 우리의 탐욕이 아니라 **"성령"** 그 자체이시지 않으면 안 된다. 사람이 자신의 두뇌에서 상상하고 고안해 내는 것과, 사람이 명령을 받아서 따라서 반드시 수행해야 하는 것은 서로 별개이다. 많은 사람들이 간구하지만 받지 못하는 것은 잘못 구하기 때문이다. 그래서 자신들이 간구하는 것들을 누리는 데로는 결코 더 가까이 다가가지 못한다(약 4:3). 임의로 기도한다는 것은, 하나님을 옆으로 밀쳐내는 것도 아니고 하나님이 응답하도록 만드는 것도 아니다. 하나님은 사람이 기도하는 동안 그 사람의 마음을 살펴, 그 기도가 어떤 뿌리와 정신에서 나오는 것인지를 확인하신다(요일 5:14).

"마음을 감찰하시는 이가…아시나니": 즉, 오직 성령의 생각만을 인정하신다. 왜냐하면 성령은 하나님의 뜻에 따라 성도들을 위해 중재하기 때문이다. 우리가 오직 하나님의 뜻만을 따르기 때문에 하나님은 우리의 기도에 귀를 기울이신다. 그 밖의 경우에는 결코 귀를 기울이지 않으신다. 우리에게 하나님의 뜻에 따라 간구하도록 가르칠 수 있는 분은 성령 밖에 없다. 오직 성령만이 모든 것을, 심지어는 하나님의 깊은 것들을 찾아내실 수 있는 분이다. 이 성령이 없다면 우리가 기도서를 아무리 많이 소장하고 있더라도, 반드시 구해야 하는 것이 무엇인지를 우리는 모른다. 게다가 우리는 우리 자신을 절대적으로 무능하게 만들어 이런 일을 하지 못하도록 만든 연약함에 둘러 쌓여있다. 그 연약함을 전부 거명하기는 힘들지만 아래에 몇 가지만 열거했다.

완전한 기도

〔1〕 사람은 성령이 없이는, 도무지 어떤 수단을 사용할지라도 하나님과 그리스도와 그의 축복들에 관해 구원에 이르게 하는 올바른 생각을 할 수 없을 정도로 허약하다. 그러므로 악한 자에 관해 성경은 다음과 같이 말한다.

> 악인은 그 교만한 얼굴로 말하기를 여호와께서 이를 감찰치 아니하신다 하며 **그 모든 사상에 하나님이 없다** 하나이다(시 10:4).

악인이 만일 하나님의 존재를 인정하더라도 하나님을 자신들과 똑같은 존재라고 한결같이 상상한다(시 50:20). 하나님은 사람의 마음에서 나오는 모든 생각이 계속해서 단지 악할 뿐임을 아셨다(창 6:5). 당시에 사람들은 자신들이 기도드리는 하나님, 자신들의 기도를 중보하시는 그리스도에 관해서 올바르게 생각할 수 없었다. 자신들이 구하는 것들에 대해서도 마찬가지였다. 그러니, 성령이 이 연약함을 돕지 않는다면 그들이 어떻게 하나님께 아뢸 수 있겠는가? 아마도 여러분은 사람들이 만들고 권위를 부여한 기도책자에 의존하여 대답할지 모르겠다. 그러나 그것이 영혼의 눈을 열어줄 수 없고 바로 앞에서 언급한 그런 것들을 영혼에게 계시해 줄 수 없다면 아무 소용없다. 이것은 명명백백한 사실이다. 왜냐하면 그런 일은 오직 성령이 하시는 일이기 때문이다. 성령은 비참한 영혼에게 이러한 것들을 계시해 주고, 우리에게 그것들을 이해시켜 주시는 분이다. 그러므로 그리스도께서 보혜사 성령을 보내주시겠다고 약속하실 때 제자들에게 "그가 내 것을 가져다가 너희에게 알려줄 것이다"(요 16:14)라고 말씀하셨다. 마치 그것은 그리스도께서, "나는 너희가 본래 어둡고 무지해서 내 것을 전혀 이해하지 못한다는 사실을 알고 있다. 비록 너희가 이런 방책 저런 방법을 동원하더라도 너희 무지는 변함없이 남아 있을 것이고, 네 마음은 장막에 덮여 있다. 그것을 벗겨낼 수 있는 사람이 없고 너희에게 영적 이해력을 제공해 줄 수 있는 사람이 없다. 오직 성령만이 그런 일을 할 수 있다"라고 말씀하시는 셈이다.

공동기도서의 경우처럼, 사람이 만들어낸 어떤 것도 성령을 대체할 수 없다. 하나님이 정하신 "은혜의 수단"이 아니기 때문에 적절한 수단이 아니라는 생각조차도 못할 것이다. 성경이 기록된 이후에, 사람들이 하나하나 짜깁기해서 만들어낸 것 즉, 단지 인간이 고안해낸 발명품과 제도들에 불과한 것들은 하나님이 결코 인정하지 않는 것들이다. 그것들은 오히려 하나님의 지극히 거룩하고 복된 말씀에 의해 명백하게 금지하는 것들이다. 마태복음 7:7-8, 골로새서 2:16-23, 신명기 12:30-32, 잠언 30:6, 신명기 4:2, 계시록 22:18을 보라.

올바른 기도는 그 내면적인 의도에서 만큼이나 그 외면적인 부분에서 즉, 외적 표현에 있어서도 영혼이 성령의 빛 가운데서 파악하는 것에서 나오는 기도다. 만일 이렇게 나오지 않은 기도라면, 헛되고 가증스러운 것이라고 정죄 받는다. 그 마음과 혀가 똑같이 하나가 되지 않았기 때문이다. 만일 성령이 우리의 연약함을 도와주시지 않는다면 사실상 마음과 혀가 하나가 되지 못한다(잠 28:9, 사 29:13). 다윗 역시, 이점을 잘 알았기에 "주여, 내 입술을 열어주소

완전한 기도

서 내 입이 주를 찬송하여 전파하리이다"라고 부르짖었다(시 51:15).
다윗이 다른 사람들 혹은 우리 세대에 속하는 사람들처럼 자신의
말과 행실에 명확하게 드러난 대로 말하고 자신을 표현할 수 있었
다고 우리는 상상할 수 있다. 그럼에도 불구하고 이 선한 사람, 이
선지자가 하나님을 경배할 때에는 하나님이 그를 도와주셔야만 했
다. 그렇지 않으면 그는 아무것도 할 수 없었다. "주여, 내 입술을
열어주소서 내 입이 주를 찬송하여 전파하리이다"라고 고백하지
않을 수 없었다. 해야 할 말을 성령이 직접 입에 넣어주지 않으면
올바른 말을 한 마디도 할 수 없었다. "우리가 무엇을 위해 기도해
야 할지 모르지만 성령이 친히 우리 연약함을 도우신다."

[2] 효과적인 기도는 성령과 함께 기도하는 것임에 틀림없다. 성
령이 없다면 사람은 지각이 없어서 위선적이고 냉담하며 부적절한
기도를 하게 되기 때문이다. 그렇게 되면 그런 기도를 하는 자들은
하나님 앞에 가증스러운 사람이 되는 것이기 때문이다(마 23:14, 막
12:40, 눅 18:11-12, 사 58:2-3). 그러므로 성령의 도우심이 없는 기도
는 효과가 없다. 하나님은 기도하는 사람의 탁월한 음성, 겉으로 보
이는 애정과 진지함을 중시하지 않으시기 때문이다.

사람은 본래 온갖 사악함으로 가득 차 있어서, 자신의 말 한 마
디 혹은 생각의 한 토막이라도 그리스도를 통해 하나님께서 받으실
만한 것으로 지켜내지 못한다. 하물며 기도는 말할 것도 없다. 이
런 까닭에, 바리새인들과 그들의 기도가 똑같이 거절되었다. 의심
의 여지없이 바리새인들은 말로 자신을 표현하는 데에는 탁월한 능
력을 보였고 오랜 시간동안 두드러지게 기도할 수도 있었다. 하지

만 그들에겐 자신들을 도와줄 예수 그리스도의 영이 없었다. 그래서 그들은 오직 자신들의 연약함으로 기도할 수밖에 없었고 결국, 자신들의 영혼을 성령의 능력을 통해 하나님께 솔직하고 지각 있고 애정을 담아 쏟아내지 못했다. 성령의 능력으로 하늘로 올려 보내는 기도라야 하늘에 닿는다.

〔3〕 오로지 성령만이 인간의 본성적 비참함을 깨닫게 해 줄 수 있으며 기도하는 태도를 갖도록 만들어 줄 수 있다. 말은 말일 뿐이다. 말은 우리가 말하기 위해 사용하는 것일 뿐이다. 비참함에 대한 지각이 존재하지 않는다면, 그 비참함을 효과적으로 지각하지 못한다면, 말로만 끝나는 예배일뿐이다. 아, 오늘날 기도하는 사람들 대부분의 가슴 속에 존재하고 있는, 저주받은 위선이여! 자신의 비참함을 지각하지 못하는 위선이라니!

그러나 자, 성령은 그 비참함을, 그 비참함이 어디에서 왔는지를, 그 비참함이 장차 어떻게 되는지를, 그 비참한 상태의 견딜 수 없음을 영혼에게 보여줄 것이다. 성령은 또한 주 예수가 없을 때의 죄와 비참함을 효과적으로 깨닫도록 해 줄 것이다. 하나님이, 말씀에 따라 하나님께 감미롭고 진지하며 지각 있고 애정을 담아 기도하는 태도를 갖도록 해 주실 것이다(요 16:7-9).

〔4〕 사람들은 성령의 도우심이 없어서 자신들의 죄악들을 깨닫지 못하면 기도할 생각을 하지 않는다. 이런 사람들은 가인과 유다처럼 하나님에게서 멀리 달아나며 하나님의 자비를 전적으로 단념한다. 성령의 도움이 없기에 이렇다. 사람이 자신의 죄악과 하나님의 저주를 실제로 지각하게 되면, 기도하라고 설득하기가 어렵다.

완전한 기도

그런 사람의 마음은, "전혀 소망이 없어! 하나님을 찾아봐야 헛일 이야!"(렘 2:25, 18:12), "나는 부패하였고 파멸하였고 저주 받은 피조물이기에 결코 쳐다볼 가치조차 없어!"라고 말할 것이다. 자, 바로 이 지점에 성령이 임한다. 성령이 그 영혼과 함께 하며 도움을 준다. 성령이 그 영혼으로 하여금 하나님의 자비를 받았음을 깨닫게 해서 하나님께 나아가도록 용기를 북돋아줌으로써 하나님을 바라보게 한다. 바로 이런 이유 때문에 성령이 "보혜사"〔즉, 위로자〕라고 불린다(요 14:26).

〔5〕 기도는 성령 안에서 그리고 성령과 함께 해야 하는 것이다. 성령 밖에서 하나님께 올바르게 나아갈 방법을 알아낼 수 있는 사람이 없다. 사람들이 하나님의 아들 안에서 하나님께 나아간다고 쉽사리 말할 수는 있다. 그러나 성령 없이 자신의 방식대로 해서, 하나님께 올바로 나아가기란 낙타가 바늘귀를 통과하는 것처럼 어려운 일이다. 모든 것을, 심지어 하나님의 깊은 것까지조차 헤아리는 분은 "성령"이다(고전 2:10). 하나님께로 나아가는 길을 우리에게 알려주고, 하나님 안에 있으면서 우리를 바람직한 존재로 만들어주는 것은 성령이다. 그래서 모세가 "내가 기도합니다. 내가 주를 알 수 있도록, 이제 주의 길을 내게 알려 주십시오"라고 간구했다(출 33:13). 예수께서도 성령에 관해, "그가 내 것을 가져다가 너희에게 알려줄 것이다"라고 말씀하셨다(요 16:14).

〔6〕 비록 어떤 사람이 자신의 비참함을 그리고 하나님께로 나아갈 길을 깨달았다고 할지라도 성령이 없이는 하나님이나 그리스도 혹은 자비를 받았다는 정당한 주장을, 하나님이 인정해주실 만한

주장을 결코 할 수가 없을 것이다. 죄와 하나님의 진노를 지각하게 된 비참한 영혼이 "아버지"라는 이 단 한 마디 말을 믿음으로 한다는 것은 정말이지 위대한 과업이다! 위선자들이 어떻게 생각하든지 내가 말하고자 하는 것은, 마찬가지로 비참한 영혼은 하나님을 아버지라고 부를 수 없다는 바로 그 사실에서 그리스도인도 모든 어려움을 발견한다는 점이다. 그리스도인 역시, "내가 어찌 감히 하나님을 아버지라 부르겠는가!"라고 말한다. 바로 이런 까닭에, 하나님의 백성들이 하나님을 아버지라 외칠 수 있도록 만들어주기 위해 성령을 그들의 마음속으로 보내셔야만 했던 것이다. 그것은 너무나 놀랍고 엄청난 일이어서, 어떤 인간도 하나님을 아버지라고 부르기란 지적으로나 믿음으로나 불가능한 일이다(갈 4:6). 내가 여기에서 사용한 "지적으로"라는 말은, 하나님의 자녀가 된다는 것과 거듭난다는 것이 무엇인지를 안다는 뜻이다. 또한 "믿음으로"라는 말은, 은혜의 역사가 자기 안에서 일어났다는 사실을 좋은 경험을 통해서 믿는다는 뜻이다. 이것이야말로, 하나님 아버지라고 올바르게 부르는 것이다. 이것은, 많은 사람들이 책에 쓰여 있는 글자대로 주기도문을 암송하며 중얼거리는 것과는 다른 것이다. 그렇다. 자신의 죄를 지각하는, 그리고 하나님께 나아가 자비를 구할 방법을 지각하는 영혼이 성령 안에서 혹은 성령과 더불어 하나님께 나와서 성령의 능력으로 "아버지"라고 말할 때, 바로 이 지점에 기도의 생명이 있다.

믿음으로 하는 한 마디 말이, 형식적이고 냉담하며 미적지근하게 쓰고 읽는 일천 번의 기도보다 훨씬 낫다. 아, 정말이지, 자기 자신과 아이들에게 주기도문, 사도신경, 그리고 다른 기도문들을 말하는 것으로 충분하다고 여기는 자들은 부족한 자들이다! 세상에나! 저들이 자기 자신과 자신들의 비참함을 지각하지 못하고 있을때, 그것을 그리스도를 통해 하나님께 가져가야 한다니! 아, 불쌍한 영혼이여! 자신의 비참함을 알라! 당신에게 당신 자신의 혼란된 맹목과 무지를 보여 달라고 하나님께 부르짖으라. 그런 뒤에야, 당신은 하나님을 아버지라 부르고 자녀들에게 그렇게 말하도록 가르칠 만하게 된다. 은혜의 역사에 대한 체험이 당신의 영혼에 이르지도 않았는데도 기도와 대화 중에 하나님을 아버지라 부르는 것은 당신이 유대인이 아닌데도 유대인이라고 말하는 것임을 알라. 즉, 거짓말을 하는 것이다. 당신이 "하나님 우리 아버지"라고 말하지만 하나님은 "너, 신성을 모독하는 자여!"라고 말하신다. 당신이 자신을 참된 그리스도인이라고 말하지만 하나님은 "너, 거짓말하는 자여!"라고 말하신다.

> 보라 사단의 회 곧 자칭 유대인이라 하나 그렇지 않고 거짓말 하는 자들 중에서…(계 3:9).
> **자칭** 유대인이라 하는 자들의 훼방도 **아노니** 실상은 유대인이 아니요 사단의 회라(계 2:9).

거짓으로 꾸며낸 고결성을 자랑하는 것이 훨씬 더 큰 죄악이다. 요한복은 8장에서 유대인들이 그리스도를 그런 식으로 대했고, 이 때문에 그리스도는 그들이 내놓는 모든 구실에도 불구하고 파멸의 운명을 선언하셨다(요 8:41-45). 참으로 모든 뚜쟁이, 도둑, 주정뱅이, 하나님의 이름을 들먹이며 욕지거리 하는 자, 거짓 맹세하는 자, 이런 자들은 과거에도 있었고 지금도 여전히 존재한다. 이런 자들이 신성모독이 목구멍까지 차오르고 위선이 심장에 가득 차 있음에도 불구하고 교회에 출석하면서 "하나님, 우리 아버지!"라고 말하곤 하기 때문에, 정직한 사람들임에 틀림없다고 평가하는 사람들도 있다. 더욱이, 이들이 하나님께 "우리 아버지"라고 말할 때 지극히 가증스러운 신성모독을 범함에도 불구하고 이렇게 평가받는다.

이런 사람들보다 훨씬 건전한 원리를 가진 사람들이 있다. 이들은 이와 같은 전통의 진실성에 대해 양심의 가책을 느끼기 때문에 자신들은 하나님과 하나님의 백성들 편이 아니라고 간주한다. 위대한 하나님에게 등을 돌리고 하나님이 자신들을 원수로 간주하도록 만드는 저주받은 미신들을 간직하고 있음을 알고 있기 때문이다(사 53:10). 이들은 저 피로 벌겋게 물든 박해자 보너_{Bonner} 같은 사람을 추천한다. 결코 그렇게 부패하지 않았을지라도, 좋은 교인이 되고 정직한 신하가 되기 위해 자신들의 전통 속에 틀어박힌다면 비참한 인생일 뿐이다. 반면에 언제나 그래왔듯이, 하나님의 백성들은 소란을 일으키는 자, 파당을 만드는 자, 선동꾼으로 간주된다(겔 4:12-16).

그러므로 약간의 여유를 내서, 비참하고 눈멀고 무지한 주정뱅이인 그대와 사리를 따져야겠다.

(1) 아마도 당신의 위대한 기도는 "하늘에 계신 우리 아버지…"

완전한 기도

로 시작하는 주기도문일 것이다. 그대는 주기도문의 첫 번째 단어 "우리 아버지"가 가지고 있는 의미를 아는가? 당신은 정말로 다른 모든 성도들과 한 목소리로 "우리 아버지"라고 부르짖을 수 있는가? 당신은 정말로 거듭났는가? 양자의 영을 받았는가? 당신은 그리스도 안에 있는 자신의 모습을 보았는가? 당신은 그리스도의 한 지체로서 하나님께 나올 수 있는가? 아니면, 당신은 이런 것들을 모르고 있는데도 감히 "우리 아버지"라는 말을 하는 것인가? 사탄이 당신의 아버지가 아닌가?(요 8:44). 그러면 당신은 육에 속한 행위들을 하지 않는가? 그런 행위들을 하면서도 감히 하나님께 "우리 아버지"라고 말하는가? 심지어, 당신은 하나님의 자녀들을 필사적으로 박해하지 않는가? 하나님의 자녀들을 여러 번에 걸쳐 진심으로 저주하지 않았는가? 그러면서도 그대의 참람한 목구멍에서 "우리 아버지"라는 단어를 끄집어내는가? 하나님은 당신이 미워하고 박해하는 저들의 아버지이다. 하나님의 자녀들이 아버지 즉, 우리 아버지 앞에 나타나야 할 때 사탄이 그들 사이에 나타났던 것처럼(욥 1장) 지금도 그렇다. 성도들에게 "우리 아버지"라고 말하도록 권하고 있는 탓에, 세상에 있는 무지몽매한 모든 어중이떠중이들도 똑같이 "우리 아버지"라는 단어를 사용한다.

(2) 정말로 당신은 "이름이 거룩히 여김을 받을지어다"라는 말을 진심으로 하는가? 모든 정직하고 합법적인 방법으로, 하나님의 이름과 거룩과 장엄을 높이기 위해 궁리하는가? 당신의 마음과 대화는 이 구절에 부합하는가? 하나님이 당신에게 추천하고, 자라나

갈 목표로 제시한 그리스도를 당신은 모든 의로운 행위로 닮아가려고 분투하고 있는가? 만일 당신이 참으로 하나님이 인정하실 정도로 "우리 아버지"라고 외칠 수 있는 사람이라면 당신의 고백과 사실이 일치한다. 아니면, 온종일 하는 생각 가운데 당신의 고백과 일치하는 부분이 조금도 없는가? 거짓된 혀로 기도하면서 꾸며내는 것을, 당신의 일상적 행함을 통해 저주함으로써, 당신은 저주받은 위선자라는 사실을 명쾌하게 드러내고 있지 않은가?

(3) 당신은 하나님의 나라가 정말로 임하고 하나님의 뜻이 하늘에서처럼 땅에서도 이루어지기를 원하는가? 아니다. 당신이 그 형식에 따라 "하나님의 나라가 임하소서"라고 말하기는 한다. 하지만, 그것이 당신을 나팔소리를 듣고 죽은 자들이 부활하는 모습을 보기 위해 그리고 당신 자신도 하나님 앞에 서서 육신 가운데서 행한 모든 행위를 정산하기 위해 미친 듯이 뛰어나갈 각오를 하게 하는가? 게다가, 그 사실을 생각만 해도 불쾌해지지는 않는가? 만일 하나님의 뜻이 하늘에서처럼 땅에서도 이루어진다면 당신은 필연적으로 파멸당하는 것은 아닌가? 하늘에는 하나님을 거역하는 반역도가 결코 존재하지 않는다. 만일 땅위에서도 그런 처분이 내려진다면 당신은 지옥으로 던져져야 하는 것은 아닌가?

주기도문의 나머지 간구들에 대해서도 마찬가지다. 아하! 그런 사람들은, 자신들의 최고의 고결함 속에서조차도 거짓되고 참람한 신성모독이 입에서 나온다는 사실을 알게 된다면 얼마나 슬픈 표정을 짓고 얼마나 크게 떨며 안절부절 하겠는가? 하나님이 당신을 일

완전한 기도

깨워주신다. 비참한 영혼이여! 모든 겸손함으로 배워라. 네 마음이 성급하고 분별없이 굴지 않도록 유념하라. 하물며 네 입은 말할 것도 없다! 하나님 앞에 설 때에 저 지혜로운 사람이 말한 것처럼, 성급하게 입을 열지 말고 급한 마음으로 말을 꺼내지 말라(전 5:2). 특히, 하나님 앞에 나아갈 때 축복된 경험도 없이 하나님을 아버지라고 성급하게 입을 열지 말라. 이제 다음으로 넘어가자.

[7] 하나님의 인정을 받는 기도를 하려면 성령과 함께 기도해야 한다. 오직 성령만이 기도 속에서 영혼 혹은 마음을 하나님께로 들어 올려 줄 수 있기 때문이다.

> 마음의 경영은 사람에게 있어도 말의 응답은 여호와께로서 나느니라(잠 16:1).

즉, 하나님을 위한 모든 일에서 특히, 기도에서, 마음이 혀와 함께 달려갈지라도 성령이 마음을 준비시켜주셔야 한다. 실제로 혀는 두려움이나 지혜도 없이 정말 쉽사리 뛰쳐나간다. 그러나 하나님의 성령이 준비시킨 그런 마음의 응답은 하나님이 명령하고 원하시는 대로 말하는 것이다.

다윗이 강력한 말을 사용하여, 자신의 마음과 영혼을 하나님께로 들어 올린다고 말한다(시 25:1). 이것은 성령의 능력이 없는 사람에게는 엄청난 일이다. 그러므로 이것은 성령을 "간구의 영"이라는 부르는 커다란 이유 가운데 하나다(슥 12:10). 마음이 탄원을 올릴 때 성령이 도와주기 때문이다. 그래서 바울이 "성령 안에서 모든 기도와 간구로 기도하라"고 말한다(엡 6:18). 우리의 본문과 주제도 "나는 성령과 함께 기도하겠다"는 것이다. 마음이 성령 안에 있지 않는 기도는 생명이 없는 소리와 같다. 성령이 높이 들어 올려주지 않는 기도는, 결코 하나님께 도달하지 않는다.

〔8〕 마음이 올바로 기도한다면 성령이 그 마음을 높이 들어 올려 주는 것처럼, 마음이 계속해서 올바르게 기도한다면 틀림없이 성령은 들어 올린 그 기도를 계속해서 붙잡고 있을 것이다. 다른 사람들의 마음에 대해 말하자면, 다른 사람들의 기도들을 성령이 높여주고 계속해서 붙잡아 주는지 그렇지 않은지를 나는 모르겠다. 그러나 내가 확신하고 있는 것은 **첫째,** 사람들이 세상에서 만들어낸 온갖 기도서들은 마음을 높이 들어 올려주거나 준비시켜 주지 못한다는 것이다. 이것은 위대한 하나님이 하시는 일이다. **둘째,** 사람들이 만든 기도서들이 마음을 높여주었더라도 결코 지탱해주지 못한다. 사실상 여기에서, 마음으로 하여금 하나님을 향한 의무를 유지케 하는 그것이 기도의 생명이다. 모세가 기도할 때 두 손을 들어 올린 상태를 유지하는 그것이 큰 과제였다. 하지만 마음을 그런 상태로 유지한다는 것은 정말로 훨씬 더 큰 문제다!(출 17:12)

이것의 부족을, 하나님이 한탄하신다. 사람들이 입으로는 하나님께 가까이 다가가며 입술로는 하나님을 높이지만 마음은 하나님에게서 멀었다(사 29:13, 겔 33장). 마태복음 15:8-9이 증거하는 것처럼 사람들은 주로, 인간의 계명과 전통을 따라 행한다. 참으로, 내가 마땅히 드려야 하는 대로 하나님께 기도하는 것이 어려운 일임을 나 자신의 경험으로부터 여러분에게 말해 줄 수 있다. 하지만 비

완전한 기도

참하고 눈멀고 육적인 사람들은 이런 내 생각이 이상하다고 여길 것이다. 내 마음에 관해 말하자면, 기도하러 나아갈 때 하나님께로 가기가 싫어진다. 내 마음이 하나님과 함께 있을 때 하나님과 함께 머무는 것이 싫어서 나는 어쩔 수 없이 먼저, 하나님이 내 마음을 붙잡아 그리스도 안에서 하나님께 붙여달라고 간구하고, 마음이 하나님께 있을 때에는 그 상태를 유지케 해 달라고 기도해야 할 때가 많았다. 그렇다. 내가 무엇을 구해야 할지 모를 때가 많다. 나는 눈멀었다. 어떻게 기도해야 하는지도 모른다. 나는 너무나 무지하다.

다만, 은혜를 찬양할지어다. 성령이 우리의 연약함을 도우신다(시 86:11).

오! 기도 시간에 마음을 빼앗아가는 함정들이 많다. 하나님의 임재로부터 달아나도록 만드는 곁길, 뒷골목이 마음속에 얼마나 많은지 깨닫는 사람이 없다. 이 사실을 표현할 능력이 있다면 정말 크게 자랑할 만할 것이다. 다른 사람들 앞에서라면 얼마나 많은 위선을 부리는지! 만일 간구의 성령이 돕지 않는다면 하나님과 영혼 사이의 은밀한 기도를 얼마나 적게 의식하는지! 성령이 마음속에 들어온 뒤에야 진정한 기도가 존재한다.

[9] 올바르게 기도하는 영혼은 성령의 도움과 능력 안에서, 그리고 성령의 도움과 능력을 힘입어 기도해야 한다. 사람이 성령의 도움과 능력 없이 기도로 자신을 표현하기란 불가능하기 때문이다. 내가 "사람은 성령의 도움과 능력 없이 기도로 자신을 표현하기가

불가능하다"라고 말한 것은, 성령의 도움이 없이는 참으로 기도하는 마음으로부터 신음과 탄식과 함께 솔직하고 지각 있고 애정을 담아서 그 마음을 하나님께 쏟아낸다는 것은 불가능한 일이라는 뜻이다. 기도할 때 일차적으로 주목해야 할 것은 입이 아니다. 주목해야할 것은, 기도할 때 그 마음이 하나님에 대한 애정과 진정으로 충만해서 자신의 감각과 갈망을 표현할 수 없을 정도가 되느냐 하는 바로 그 점이다. 사람이 갈망할 때, 자신의 욕구가 매우 강력하고 많아서 마음에서 나와야할 모든 말과 한탄과 신음을 내뱉을 수 없을 그때에, 성령이 우리의 연약함을 돕는다. 성령이 말할 수 없는 한숨과 탄식으로 우리를 위해 중재하신다(롬 8:26).

단지 말만 많은 기도는 빈약한 기도일 뿐이다. 참으로 기도한 사람은 그 이후에는, 기도 속에서 하나님께 도달한 형언할 수 없는 바램과 지각 그리고 애정과 갈망을 입이나 펜으로는 결코 표현할 수 없을 것이다.

최선의 기도는 말보다는 신음소리인 경우가 훨씬 더 많다. 그 기도 중에 하는 말들은 그 기도의 심장, 생명, 정신을 나타내는 빈약하고 천박한 표현에 불과하다. 이집트를 빠져나오는 모세를 바로가 추격할 당시의 성경 기록에는 모세의 입에서 나온 기도문이 없다. 하지만 모세의 부르짖음은 다시 한 번 하늘에 울려 퍼졌다(출 14:15). 이 부르짖음은 모세의 영혼이 성령 안에서, 성령과 더불어, 형언할 수 없고 헤아릴 수 없이 신음하며 부르짖은 것이었다. 하나님은 영들의 하나님이시다. 하나님은 어떤 의무의 외적 측면의 안쪽을 깊이 들여다보신다(민 16:22). 그런데도 기도하는 백성이라고

완전한 기도

간주될 대부분의 사람들이 이렇게 생각하지 않는다는 것이 의아하다(삼상 16:7).

하나님이 어떤 사람에게 자신의 뜻대로 하라고 명령하신 일에 그 사람이 가까이 다가갈수록, 그 일은 훨씬 더 어렵고 힘들어진다. 다른 까닭이 있는 것이 아니라 사람은 사람이기에 그 일을 할 수 없는 바로 그 이유 때문이다. 그러나 앞에서 언급한 것처럼, 기도는 의무일 뿐만 아니라 가장 탁월한 의무 가운데 하나이다. 그러므로 바울이 내가 "성령과 함께 기도하겠다"라고 말하였을 때 자신이 무슨 말을 하고 있는지 알고 있다. 다른 사람이 쓰거나 읽는 기도문이 자신을 기도하는 사람으로 만들어 주지 않는다는 것을 바울은 잘 알았다. 참으로 성령만이 그렇게 할 수 있었다.

〔10〕기도는 성령과 함께 해야 한다. 그렇지 않으면 기도행위 그 자체에 실패가 있게 되고 기도를 수행하는 과정에도 실패가 있을 것이다. 따라서 무기력한 기도가 될 것이다. 기도는 하나님이 정하신 규례이며, 사람이 영광의 이쪽 편에 있는 한 계속해서 영혼과 함께 해야 하는 것이다. 그러나 필자가 앞에서 언급한 것처럼 사람이 성령의 도움을 받지 않은 채 기도에서 자신의 마음을 하나님께로 향하도록 일으키는 것은 가능하지 않고, 그런 상태를 계속 유지한다는 것도 마찬가지로 어려운 일이다. 만일 그렇다면, 어떤 사람이 때때로 하나님께 기도하기를 계속하기 위해서는, 반드시 성령과 함께 하지 않으면 안 된다.

그리스도께서 우리에게 하신 말씀에 따르면, 사람은 항상 기도하고 낙심치 말아야 한다(눅 18:1). 게다가 성경은, 기도를 계속하지 않는다거나 혹은 그렇게 할지라도 힘껏 즉, 기도의 영으로 하지 않고 형식적이고 겉치레로 하는 것은 위선의 하나라고 정의한다(욥 27:10, 마 23:14). 능력에서 형식으로 전락하는 것은 지극히 쉬운 일이다. 그러나 어떤 의무 특히, 기도에서 그 생명과 영 그리고 능력을 유지하는 것은 지극히 어려운 일이다. 기도란, 사람이 성령의 도움 없이는 단 한 번 기도하는 것조차 불가능할 정도의 의무이다. 하물며 성령의 도움 없이 향기로운 기도의 불꽃을 유지하고, 만군의 여호와 하나님께 상달되도록 기도하기란 불가능한 일이다.

야곱은 기도를 시작하였을 뿐만 아니라 지속했다.

내게 축복하지 아니하면 가게 하지 아니하겠나이다(창 32:26).

모든 경건한 사람들이 야곱처럼 그렇게 했다(호 12:4). 그러나 기도의 영이 없이는 이렇게 할 수 없었을 것이다. 우리는 성령을 통해 아버지께로 나아간다(엡 2:18).

동일한 교훈이 유다서에서도 두드러진다. 거기에서 기도를, 악한 자들에 대한 하나님의 심판을 통해서 성도들에게 견고히 서서 복음적 신앙을 계속해서 견지하라고 촉구하면서 이를 가능하게 만들어주는 탁월한 수단이라고 말한다.

사랑하는 자들아 너희는 너희의 지극히 거룩한 믿음 위에 자기를 건축하며 성령으로 기도하며(유 20).

완전한 기도

유다는 마치 "형제들아, 영원한 생명이란 끝까지 견디는 사람에게만 채워지는 것인데 너희가 성령 안에서 기도하기를 계속하지 않는다면 끝까지 견디지 못한다"라고 말하는 듯하다. 사탄 및 적그리스도가 세상을 미혹하는 커다란 속임수는 어떤 의무를 형식적으로만 즉, 설교, 설교 듣기, 기도 등의 겉모습만 갖추기를 계속하도록 만드는 것이다. 이런 사람들이 경건의 모양은 있지만 경건의 능력은 부인하는 자들이다. 이런 자들을 멀리해야 한다(딤후 3:5).

3장

성령과 마음으로
기도한다는 것은 무엇인가

이제는 성령으로도 기도하고 마음으로도 기도한다는 것이 무엇인지를 논할 차례이다. 바울은 성령으로 기도한다는 것과, 성령과 마음(즉, 이해)으로 기도한다는 것이 무엇인지를 명확하게 구별한다. 그래서 "성령으로 기도한다"는 말에 *또 마음(이해)으로*라는 어구를 덧붙인다. 이런 구별을 하게 된 계기는, 고린도 교인들이 자신들의 행함은 자신들과 다른 사람들의 교화를 목적으로 하는 것이 도리라는 점을 인식하지 못한 것이었다. 그들은 자천自薦할 목적으로 행하였던 것이다. 그래서 내가 판단하기로는, 그들은 방언과 다양한 특별한 은사를 받은 사람들이 많았고 따라서 교우들을 교화하기를 추구하기 보다는 더욱 강력한 은사를 추구했다. 그런 이유 때문에, 바울은 비록 비범한 은사들이 탁월하기는 하지만 그들이 교회의 교화를 위해 하는 것이 훨씬 더 탁월하다는 점을 이해시키기 위해 이 부분을 더했다. 바울은 "만일 내가 방언으로 기도하면 내 영이 기도하는 것이다. 그러나 나의 이해와 다른 사람들의 이해는 '열매'를 얻지 못한다. 그래서 나는 영으로도 기도하고 이해로도 기도

완전한 기도

하겠다"고 말한다(고전 14:14-15, 참고 3, 4, 12, 19, 24-25절).

그러므로 기도 속에는 마음과 입뿐만 아니라 이해도 함께 하는 것이 상책이다.

나는 영으로도 기도하고 또 이해로도 기도하겠다

이해 없이 하는 것보다 이해로 기도하는 것이 훨씬 효과적으로, 훨씬 지각 있게, 훨씬 마음을 쏟아서 하는 것이다. 그 때문에 바울은 골로새 교인들에게 보낸 편지에서 "하나님이 너희를, 모든 지혜와 영적 이해로 하나님의 뜻을 아는 것으로 채워주시기를" 쉬지 않고 기도한다고 말했다(골 1:9). 또한 에베소 교인들을 위해서는, 하나님께서 그들에게 "지혜와 계시의 영을 주셔서 하나님을 알게 하시기를" 구했다(엡 1:17). 빌립보 교인들을 위해서도, 하나님께서 그들에게 "지식과 일체의 분별력을 풍성하게 해 주시기를" 구했다(빌 1:9). 영적인 일이든 사회생활이든 사람이 어떤 일을 수행하든지 간에 적절한 이해를 갖는 것이 좋다. 그러므로 모든 사람이 기도하는 백성이 되기를 소망해야 마땅하다. 이제 여러분에게, 마음으로 즉, 이해로 기도하는 것이 무엇인지를 말해 줄 차례이다.

우리의 모국어로 말하고 경험적으로도 말하기 위해서는, 이해를 하지 않으면 안 된다. 전자를 건너뛰고 두 번째 것만 다루겠다.

올바른 기도를 하기 위해서는, 하나님께 기도하는 모든 사람들 속에 좋은 혹은 영적인 이해가 있어야 할 필요가 있다.

〔1〕 이해로 기도한다는 말은, 영혼이 기도로 구해야 하는 그것들이 부족하다고 이해理解한 가운데 성령이 **가르치는** 대로 기도하는 것이다. 사람이 죄용서와 다가올 진노로부터의 구원을 많이 필요로 할지라도, 정말 이렇다는 것을 이해하지 못한다면 죄용서와 구원을 전혀 갈망하지 않든지 싸늘하고 미온적인 태도를 갖든지 한다. 그래서 하나님조차 그 사람의 심령이 이것들을 갈망하도록 만들어주기 싫어하실 것이다. 라오디게아 교회가 이런 경우였다. 라오디게아 교회의 교인들에겐 지식 혹은 영적 이해가 부족했다. 이들은 자신들이 불충분하고 파탄하였으며 눈멀고 헐벗었다는 사실을 몰랐다. 그런 까닭에 이들 자신과 이들의 모든 섬김이 그리스도께 혐오스러운 것이 되고 말았다. 그래서 그리스도는 이들을 뱉어내겠다고 위협하신다(계 3:16-17). 이해가 없는 사람들은 기도할 때 다른 사람들과 하등 다를 바 없이 똑같은 말을 할 수 있다. 그러나 한쪽 사람들에겐 이해가 있고 다른 사람들에겐 이해가 없다면, 동일한 단어를 말할지라도 엄청난 차이가 생긴다. 정말 그렇다! 한쪽 사람은 자신이 간절히 원하는 것을 영적으로 이해하여 말로 나타내는 것이고, 다른 사람은 단지 말로만 그렇게 하며 그것이 전부이다.

〔2〕 영적 이해가 하나님의 마음속에서 찾아내는 것은, 하나님은 영혼이 필요로 하는 것들을 기꺼이 채워주실 준비가 되어있다는 점이다. 다윗이 자신을 향한 하나님의 생각을 이 영적 이해를 통해 파악할 수 있었다(시 40:5). 가나안 여인의 경우도 그렇다. 그녀는 그리스도의 거친 태도의 이면에 있는 그리스도의 속마음 즉, 기꺼이 구

완전한 기도

원해주시고자 하는 온유한 마음을 믿음과 올바른 이해에 의해 분간해내었다. 그래서 그녀는 자신에게 필요한 자비를 맛볼 때까지 간절하고 열심히 구했다. 그렇다, 그녀는 멈추지 않았다(마 15:22-28).

죄인을 구원해주기 원하는 기꺼운 마음이 하나님의 마음속에 존재한다고 이해하는 것 이상으로 영혼을, 하나님을 찾고 죄용서를 달라고 부르짖도록 몰아넣는 것이 없다. 만일 어떤 사람이 상당한 값어치가 있는 진주가 시궁창에 떨어져 있는 것을 발견하더라도 그 가치를 이해하지 못한다면 가볍게 지나칠 것이다. 그러나 일단 그 값어치를 알게 되면 그 진주를 손에 넣기 위해 온갖 모험을 감수할 것이다. 신령한 것들과 영혼의 관계도 이와 같다. 일단 사람이 신령한 것들의 가치를 이해하게 되면 그의 마음은, 그렇다, 그의 영혼은 전심으로 그것을 향하여 달려간다. 그것들을 소유하게 될 때까지는 부르짖음을 결코 중단하지 않을 것이다. 복음서의 두 장님은 자기들 옆으로 지나가는 예수는 자신들에게 고통을 주는 약점들을 치유할 능력과 기꺼이 치유해 주실 마음이 있는 분임을 확실하게 알았기 때문에 부르짖으며 외쳤다. 그들은 책망을 받을수록 더욱더 부르짖었다(마 20:29-31).

[3] 이해理解에 영적 빛이 비춰진다는 것은, 영혼이 하나님을 향하여 나아가야 하는 길이 발견된다는 것이다. 그래서 대단한 용기가 생긴다. 해야 할 일이 있는 자나 비참한 영혼이나 달리 도리가 없다. 그렇게 하지 않는다면 위험이 크다. 반면에 그렇게 한다면 이점이 크다. 하지만 시작하는 방법도 진행하는 방법도 모른다면, 낙

담하게 될 것은 말할 것도 없고 위험이 닥친다.

〔4〕조명된 이해는 기도하도록 북돋아주는 약속에서 커지고, 능력에 능력을 더하게 된다. 사람들이 자기에게 오는 사람들에게 이러이러한 것들을 준다고 약속할 때, 와서 구하라고 약속된 것이 무엇인지를 알게 되면 훨씬 큰 자극이 생긴다.

〔5〕이해理解가 조명照明을 받으면 영혼은 적절한 주장을 가지고 하나님 앞으로 나아갈 길이 생긴다. 야곱의 경우처럼 때로는 훈계하듯이(창 32:9-12), 때로는 간청으로, 그러나 단지 말로만이 아니라 마음으로부터, 성령이 이해를 통해 하나님의 마음을 움직일 정도로 효과적인 주장을 할 수 있도록 만든다. 에브라임이 하나님을 향한 자신의 꼴사나운 태도를 이해하게 되자 자신을 한탄하기 시작한다(렘 26:18-20). 그는 자신을 슬퍼함으로써 하나님의 마음에 영향을 미치고 용서를 끌어내고, 하나님이 보시기에 즐거운 존재가 되도록 만들어주는 그런 주장을 하나님께 내밀었다. 그러자 하나님은 선지자 예레미야를 통해 말씀하셨다.

> 에브라임이 스스로 탄식함을 내가 정녕히 들었노니 이르기를 주께서 나를 징벌하시매 멍에에 익숙지 못한 송아지 같은 내가 징벌을 받았나이다 주는 나의 하나님 여호와시니 나를 이끌어 돌이키소서 그리하시면 내가 돌아오겠나이다 내가 돌이킴을 받은 후에 뉘우쳤고 내가 교훈을 받은 후에 내 볼기를 쳤사오니 이는 어렸을 때의 치

완전한 기도

욕을 진 고로 부끄럽고 욕됨이니이다 하도다 에브라임은 나의 사랑하는 아들 기뻐하는 자식이 아니냐 내가 그를 책망하여 말할 때마다 깊이 생각하노라 그러므로 그를 위해 내 마음이 측은한즉 내가 반드시 그를 긍휼히 여기리라 여호와의 말이니라(렘 31:18~20).

위와 같이, 성령으로 기도하라고 요구되는 것처럼 이해로 기도하는 것 또한 요구된다. 이 유사성이 보여주는 것을 예증하기 위해, 두 명의 거지가 당신의 집 문 앞에 왔다고 가정하자. 한 거지는 가난하고 절뚝거리고 상처를 입었으며 거의 굶어죽을 지경이다. 실제로 가난하고 절뚝거리는 그 사람이 옆에 있는 거지가 할 수 있는 것 이상으로 자신의 참상을 훨씬 더 큰 지각과 감정과 이해로 말한다. 감정을 담은 말, 자신을 한탄하는 말에 의해 훨씬 잘 두드러진다. 자신의 고통과 빈곤을 다른 사람보다 훨씬 애처롭게 말함으로써 다른 사람보다 빠르고 쉽게, 자연스러운 정서 혹은 동정심을 최소한이나마 가지고 있는 모든 사람들로부터 동정을 얻어낼 것이다. 하나님도 이와 같다. 습관적이고 형식적으로 기도하는 사람들이 있다. 자신의 심령 속에 있는 쓰라림으로 기도하는 사람들도 있다. 전자는 거의 아무 생각도 지식도 없이 기도한다. 후자는 자기 영혼의 고뇌로 인해 토해낼 수밖에 없는 말로 기도한다. 분명히, 이 후자가 하나님이 바라보시는 그런 사람이다.

무릇 마음이 가난하고 심령에 통회하며 나의 말을 인하여 떠는 자 그 사람은 내가 권고하려니와(사 66:2).

〔6〕잘 조명된 이해는 기도의 내용과 태도 모두에 관해 훌륭하게 쓸모가 있다. 자신의 이해를 잘 활용하여 선악을 분별하고 인간의 비참함이나 하나님의 자비로움을 잘 파악하는 사람은 기도의 형식을 배우기 위해 다른 사람들이 쓴 글에 의존할 필요가 없다. 고통을 느끼는 자는 "오!"라고 외치는 법을 배울 필요가 없는 것처럼, 성령에 의해 이해理解가 트인 사람은 다른 사람들의 기도에서 배울 필요가 없다. 다른 사람들의 기도〔문〕이 없어서 기도하지 못하는 것이 아니다. 자신의 요구를 하나님께 토해내도록 만들어주는 것은, 자신의 심령 속에 지금 존재하고 있는 지각, 감정, 압력이다. 다윗이 지옥의 고통에 사로잡혀 꼼짝 못하게 되고 지옥의 슬픔에 휩싸이게 되었을 때 "오, 주여, 내가 주께 간구합니다. 나를 구원해 주십시오"(시 116:3-4)라고 기도하는 법을 배우기 위해, 사제를 불러올 필요가 없었다. 자신의 마음을 하나님께 쏟아내는 형식을 배우기 위해 책을 들춰볼 필요도 없었다. 병들어 고통과 허약함에 시달리는 환자의 마음은 본성적으로, 곁에 있는 사람들에게 고통의 신음과 불평을 털어놓음으로써 낫고자 하는 갈망을 쏟아낸다. 시편 38:1-12에서 다윗이 그랬다. 그러므로 주를 찬양하라. 하나님의 은혜를 입은 자들이 이렇게 한다.

〔7〕영혼이 기도의 의무를 지속적으로 감당하기 위해서는 반드시, 조명된 이해가 있어야 한다.

하나님의 백성들은, 참으로 주 예수를 영접하고 의존하고자 하는 가엾은 영혼에게 사탄은 얼마나 많은 간계와 속임수와 유혹을

완전한 기도

꾸며대는지를 알고 있다. 즉, 사탄은 그런 영혼을 미혹에 빠뜨려 하나님의 얼굴을 찾지 않게 하고 하나님은 그런 자에게는 은혜를 베풀지 않는다고 생각하도록 만든다. 사탄은 속삭인다.

아하! 자네는 정말로 기도할 수 있겠지. 하지만 소용없을 거야. 네 마음이 강퍅하고 차갑고 무디고 죽어 있잖아. 자네는 성령으로 기도하지 않아. 자네는 진정으로 기도하지 않아. 자네가 하나님께 기도하는 척하지만 자네의 생각은 다른 것들을 좇아가고 있잖아. 위선자여! 그렇게 더 이상 멀리 가지마! 더 이상 애써봐야 헛일이야!

자 이쯤이면, 여러분의 이해 속에 충분한 지식이 없다면, 즉각적으로 "하나님이 나를 버리셨구나, 내 주께서 나를 잊으셨구나"라고 외칠 것이다(사 49:14). 반면에, 잘 알고 있으며 조명된 영혼은 "자, 나는 주를 구하고 기다리겠다, 주께서 침묵하시며 위로의 말씀을 단 한 마디도 주지 않으실지라도 나는 물러나지 않을 것이다"라고 말한다(사 40:27). 하나님은 야곱을 몹시도 사랑하셨지만 씨름을 하게 하신 뒤에야 축복하셨다(창 32:25-27). 하나님이 늑장을 부리시는 듯 한 그런 겉모습은 하나님이 불쾌하게 여기신다는 증표가 아니다. 하나님은 가장 사랑하는 성도들에게 자기 얼굴을 보여주지 않기도 하신다(사 8:17). 하나님은 자기 백성들이 계속해서 기도하는 것을, 그들이 늘 천국문을 두드리고 있는 모습을 바라보기를 좋아하신다. 아마도 영혼은, "주께서 나를 시험하신다" 혹은 "주께서는 내가 나의 상태를 주님께 토해내기를 원하신다"라고 말할 것이다.

가나안 여인은 겉보기의 거절을 진짜 거절로 받아들이려고 하지 않았다. 그녀는 주님이 은혜로우시다는 사실과, 주님이 비록 백성들을 오래 참으실지라도 보응하실 것이란 사실을 알았다(마 15:21-28, 눅 18:1-6). 내가 주님을 기다린 것보다 주님이 나를 훨씬 더 오래 기다리셨다. 다윗의 경우가 그랬다. 다윗이 "나는 끈질기게 기다렸다"고 말한다. 즉, 마침내 하나님이 다윗에게 귀를 기울여 다윗의 부르짖음을 들으셨지만 하나님이 다윗에게 응답하신 것은 많은 시간이 흐르고 난 뒤였다(시 40:1). 이에 대한 가장 탁월한 치료책은, 지식과 조명이 충분한 이해이다. 오호라, 하나님을 참으로 두려워하는 영혼들 가운데, 그 이해 속에 지식이 없기 때문에 사탄의 거의 모든 속임수와 유혹에 빠져 모든 것을 쉽사리 포기하여 상실하는 불쌍한 영혼들이 세상에 얼마나 많은지! 주님께서 이들을 불쌍히 여기시고, "성령으로 그리고 이해로도" 기도하도록 도와주신다. 이것은 내 경험의 대부분에서도 사실이다. 내가 고통에 빠져 몸부림칠 때마다 "주님을 떠나자, 더 이상 주를 찾지 말자"고 강력하게 마음먹었다. 그러나 주께서 얼마나 엄청난 죄인들에게 자비를 베푸셨는지, 죄인들에게 주신 약속들이 여전히 얼마나 광대한지를 이해하게 되었다. 온전한 자가 아니라 병든 자에게, 의로운 자가 아니라 죄인에게, 풍성한 자가 아니라 아무것도 없는 자에게, 주께서 은혜와 자비를 베푸셨다는 사실을 알게 되었다. 그래서 나는 성령의 도우심을 통해서, 주님을 붙잡고 매달리게 되었다. 비록 당장 내게 응답하지 않으시더라도 부르짖었다. 주님은 불쌍하고 시험에 빠지고 고통을 겪는 자신의 모든 백성들을 그렇게 하도록 도와주신다. 선

완전한 기도

지자의 말대로 오랫동안일지라도 계속 그렇게 하도록 도와주신다. 자신의 백성들이 사람들의 발명품들과 제한한 형식들에 의해서가 아니라, "성령과 이해"로 (그 목적을 위해) 기도하도록 도와주신다.

[질문 및 반론과 이에 대한 응답]

이제 질문 및 반론 몇 가지를 다루겠다.

[질문 1] 어떻게 기도하는 지도 모르는 우리보고 도대체 무엇을 하라는 말이냐? 하나님은 내가 어떻게 기도할지 혹은 무엇을 구할지 모른다는 사실을 아신다.

• 답변 가난한 마음이여! 당신은 기도할 수 없다고 불평한다. 당신은 자신의 비참함을 알지 못하는가? 하나님이 당신에게 당신이 본성적으로 율법의 저주 아래 놓여 있다는 사실을 가르쳐주셨는가? 만일 그랬다면, 실수하지 말라. 내가 알기에 당신은 그 사실에 몹시 쓰라리게 신음하고 있다. 내가 확신하건대, 기도가 당신의 마음에서 터져 나오는 것 이외에는 당신의 부르심에서 할 수 있는 것은 거의 아무것도 없다. 당신의 신음소리가 당신의 집 구석구석에서 하늘에까지 올라갔는가?(롬 8:26). 나는 이것이 실제 모습이라는 것을 알고 있다. 당신 자신의 슬픔에 찬 마음이 당신의 눈물을 증거하고, 소명을 망각했다고 증거한다. 당신의 마음은 당신이 이 세상에 속한 것들을 망각할 때가 많을 정도로 장차 도래할 세상에 속한 것들에 대한 갈망으로 가득 차 있지 않은가? 부디, 욥기 23:12을 읽으시기를!

내가 그의 입술의 명령을 어기지 아니하고 일정한 음식보다 그 입의 말씀을 귀히 여겼구나(욥 23:12).

[질문 2] 그렇다. 그러나 내가 은밀한 곳으로 들어가 하나님께 내 영혼을 쏟아놓으려고 하지만, 도무지 아무 말도 할 수 없다!

• 답변 1 아! 즐거운 영혼이여! 하나님이 많은 비중을 두는 것은 당신의 말이 아니다. 당신이 하나님께로 나와 유창한 언변을 늘어놓지 않는다고 해서 하나님이 당신을 주목하지 않으시는 것이 아니다. 하나님의 눈이 당신 마음의 상처를 향한다. 당신의 마음 상함 때문에 하나님의 동정심이 흘러넘친다.

하나님의 구하시는 제사는 상한 심령이라 하나님이여 상하고 통회하는 마음을 주께서 멸시치 아니하시리이다(시 51:17).

• 답변 2 당신의 말문이 막히는 까닭은 마음의 고통이 너무나 큰 탓이다. 다윗도 말을 할 수 없을 정도로 고통스러울 때가 있었다(시 77:3-4). 그러나 지금 당신이 겪고 있는 그런 슬픈 마음에 위로를 주는 진실이 있다. 그것은, 당신 심령이 겪는 고통 때문에 말을 많이 하지 못하더라도 성령이 당신의 마음속에서 신음과 탄식을 훨씬 더 격렬하게 일으키신다는 사실이다. 입은 막힐 때가 있지만 영은 아니다. 앞에서 언급한 것처럼, 모세의 입에서는 한 마디도 나오지 않았지만 모세의 기도가 하늘을 두 번 울렸다(출 14:15).

• 답변 3 그러나 만일 하나님 앞에서 당신 자신을 훨씬 더 충분

완전한 기도

히 표현하기를 원한다면 다음과 같이 연구해야 한다. 첫째, 당신의 불결한 상태를 연구하라. 둘째, 하나님의 약속을 연구하라. 셋째, 그리스도의 마음을 연구하라. 당신은 (1) 그리스도의 강림과 피 흘림에 의해서 그리고 (2) 먼저 큰 죄인에게까지 펼치고 탄식하심으로 당신의 무가치함을 변호하시는 그 자비로움에 의해서, 그리스도의 마음을 알 수 있을 것이다. 그리스도의 보혈을 달라고 간구하라. 그리스도의 은혜의 풍성한 약속과 더불어 다른 큰 죄인들에게 주신 자비가 당신의 마음에도 넘치게 해달라고 간구하라. 나는 다음 세 가지를 권면하고자 한다. (1) 말로 만족하지 않도록 주의하라. (2) 하나님이 단지 말에만 주목하신다고 생각하지 말라. (3) 당신의 말이 많든 적든 당신의 마음이 하나님과 함께 하도록 하라. 당신이 온 마음을 다해 하나님을 구할 때 당신은 하나님을 찾고 발견하게 된다.

[반대주장 1] 성령에 의한 것 이외의 다른 기도방법을 반대하는 것처럼 보였지만 당신 자신도 여기에서 기도하는 방법에 관한 지시사항을 열거했을 뿐이다.
  • 답변 우리는 기도하라고 서로 권면해야 한다. 그러나 기도의 형태까지 만들어줄 필요는 없다. 지침을 가지고 기도하는 것과, 성령을 묶어두기 위한 제한된 형식을 만드는 것은 서로 별개이다. 바울은 성도들에게 기도하라고 지시하고 촉구하였지만 기도의 형태를 전혀 제시하지 않았다(엡 6:18, 롬 15:30-32). 그러므로 기도하라는 가르침과 지시를 내려도 타당하다고 해서 서로에게 기도의 형식을 만들어주는 것도 합법적이라고 결론 내리지 말자.

[반대주장 2] 그러나 만일 기도의 형식을 사용하지 않는다면 우리 아이들에게 기도를 어떻게 가르치란 말인가?

• 답변 아이들이 입을 떼자마자 몇 마디 말을 아이들에게 열심히 가르치면서 기도를 가르친 것은 잘못된 방식이라는 것이 나의 판단이다.

내가 볼 때 사람 적당한 때에 자신의 자녀들에게, 인간이 얼마나 저주스러운 피조물인지를, 어떻게 해서 원죄原罪와 자범죄自犯罪로 인해 하나님의 진노를 받게 되었는지를, 그리고 하나님의 진노의 성격과 인간의 지속적인 비참함을 말해주는 것이 훨씬 좋은 방법인 것 같다. 만일 사람들이 성실하게 그렇게 한다면 아이들은 부모보다 훨씬 빨리 기도를 배울 것이다. 사람은 죄를 깨달으면서 기도를 배우게 된다. 바로 이런 식으로, 우리의 사랑스러운 아이들이 기도를 배우도록 해야 한다. 그러나 그 외의 방법 즉, 아이들이 다른 무엇을 알기도 전에 기도의 형식부터 가르치려고 서두르는 것은, 아이들을 저주받은 위선자로 만들고 교만으로 우쭐거리게 만드는 첩경이다. 그러므로 먼저 아이들에게, 아이들 자신의 [본성적] 파멸 상태를 가르쳐주는 것이다. 아이들에게 지옥불과 그들의 죄악들, 정죄와 구원을 말해줘라. 당신이 알고 있는 대로 정죄를 피하고 구원을 만끽하는 방법을 아이들에게 말해줘라. 이렇게 하면, 당신의 사랑스러운 아이의 두 눈에서 눈물이 흘러내리게 되고 그들의 마음에서 진정한 신음과 한탄이 넘쳐흐를 것이다. 그때에는 그들에게, 누구를 향하여 기도해야하고 누구를 통해서 기도해야 하는지를 말해줘도 된다. 하나님의 약속들에 관해, 그리고 말씀에 따라 죄인들

완전한 기도

에게 먼저 베푸신 하나님의 은혜에 관해 말해줘라.

아하! 가엾은 사랑스런 아이들! 주님께서 저들의 눈을 열어주시고 저들을 거룩한 그리스도인으로 만들어주시기를! 다윗이 "와라, 아이들아, 내게 귀를 기울여라. 내가 여호와 경외하는 것을 너희에게 가르쳐 주겠다"고 말한다(시 34:11). 다윗은, 기도의 형식으로 재갈을 물리겠다고 말하지 않고 "너희에게 하나님 경외하는 것을 가르쳐 주겠다"고 말했다. 그것은 그들 본성의 비참한 상태를 알려주고 복음진리로 가르치겠다는 것이며, 진리로 그 사실을 배우는 모든 사람이 성령을 통해 기도하도록 하겠다는 것이다. 당신이 아이들에게 이 사실을 가르칠수록 그들의 마음은 기도 가운데 하나님께 달려가게 될 것이다. 하나님은 바울이 죄를 깨닫고 회개할 때까지는 결코 기도하는 사람으로 여기지 않으셨다. 다른 어느 누구라도 마찬가지이다(행 9:11).

[반대주장 3] 그러나 제자들은 요한이 자기 제자들에게 기도를 가르친 것처럼 그리스도께서 자기들에게도 기도를 가르쳐주시기를 원했다. 그러자 주님은 그들에게 흔히 주기도문이라고 알려진 기도 형식을 가르치셨다.

• 답변 1 그리스도로부터 가르침을 받기를 갈망하는 것은 단지 제자들만이 아니다. 우리도 원한다. 주님은 몸소 여기에 존재하며 우리를 가르치지 않고 자신의 말씀과 성령으로 가르치신다. 성령에 대해서는, 주님이 떠나있을 때 자기를 대신하도록 보내시겠다고 말씀하셨다(요 14:16, 16:7).

• 답변 2 소위 어떤 형식이라는 것에 관해서 말하자면, 그리스도께서 그것을 어떤 제한된 기도형식으로 삼으라는 의도였다고 생각해서는 안 된다. (1) 그리스도께서 그것을 다양하게 진술하기 때문이다. 만일 당신이 비교해본다면 확인할 수 있다(마 6장, 눅 11장). 반면에, 주께서 그것을 고정된 형태로 사용하도록 의도하셨다면 틀림없이 그런 식으로 진술하셨을 것이다. 고정된 형태라면 단어수를 바꿀 수도 없다. (2) 사도들이 주기도문을 고정된 형식으로 준수한 흔적이 없다. 다른 사람들에게 고정된 형식으로 사용하라고 권고하지도 않았다. 신약성경의 서신서 전체를 훑어봐라. 그들은 분명히, 분별할 수 있는 지식과 실천할 수 있는 신실함에 있어서 그 이후에 주기도문을 고정된 형식으로 사용하도록 만들려는 어떤 사람들 못지않게 탁월했다.

• 답변 3 그러나 한 마디로 말해서, 그리스도는 "우리 아버지…"라는 진술을 통해서 자기 백성들에게, 하나님의 백성들이 하나님께 기도할 때 어떤 규칙을 준수해야 하는가를 가르치셨다. (1) 믿음으로 기도해야 한다. (2) 하늘에 계신 하나님께 기도해야 한다. (3) 하나님의 뜻에 따르는 것들을 구해야 한다 등이었다. 이렇게 혹은 이런 태도로 기도하라.

[반대주장 4] 그러나 그리스도는 성령을 달라는 기도를 하라고 명하신다. 이것은 성령이 없는 사람들도 기도할 수 있고 하나님이 들어주실 수도 있다는 뜻이다. 누가복음 11:9-13을 보라.

• 답변 거기에 있는 그리스도의 말씀은 자기 백성들에게 주신

완전한 기도

것이다(1절). 그리스도께서 자기에게 요청하는 자들에게 성령을 주실 것이라고 말씀하시는 것을, 성령을 훨씬 더 많이 주신다는 뜻으로 이해해야 한다. 거기에서 언급된 자들은 이미 어느 정도 성령을 받은 제자들이기 때문이다. 그리스도께서는, "너희가 기도할 때에, '하늘에 계신 우리 아버지…'"(2절), "내가 너희에게 말한다…"(8절), "너희가 악할지라도 너희 자녀들에게 좋은 선물을 어떻게 줘야 하는지를 안다면, 너희의 하늘 아버지는 자기에게 요청하는 자들에게 성령을 얼마나 더 많이 주시겠느냐!"(13절)라고 말씀하신다. 그리스도인들은 성령을 구하는 기도를 해야 한다. 하나님이 이미 그리스도인들에게 성령을 부어주셨을지라도 성령을 더욱 많이 구해야 한다.

[질문 3] 그러면 당신은 자신이 그리스도의 제자임을 알고 있는 사람들에게만 기도하라고 권하는가?

• 답변 그렇다.

1. 구원받고자 하는 모든 영혼은 하나님 앞에 자신을 쏟아내도록 하자. 비록 유혹 때문에 자신을 하나님의 자녀라고 결론짓지 못할지라도 그렇게 하자.

2. 내가 알기에, 하나님의 은혜가 당신에게 있다면 당신은 자연스럽게 자신의 상태를 하나님께 토해낼 것이다. 그것은 마치 젖먹이가 젖을 달라고 우는 것과 같다. 기도는 자신이 그리스도인임을 발견하게 되는 최초의 것들 가운데 하나이다(행 9:12). 그러나 올바른 기도라면 다음과 같이 기도할 것이다.

(1) 올바른 기도는, 하나님을 위해 그리고 하나님의 거룩과 사

랑과 지혜와 영광을 위해 그리스도 안에서 하나님을 갈망한다. 올바른 기도는 오직 그리스도를 통해 하나님께 달려가서 하나님을 오직, 하나님만을 그 중심으로 삼는다.

> 하늘에서는 **주 외에** 누가 내게 있으리요 땅에서는 **주 밖에** 나의 **사모**
> 할 자 없나이다(시 73:25).

이 시편 구절에서는 사모할 자가 즉, 찾을 자가 주 밖에 없다고 했다.

(2) 영혼은, 이 세상에서나 다음 세상에서나 지속적으로 하나님과의 교제를 나눈다.

> 나는 의로운 중에 주의 얼굴을 보리니 깰 때에 주의 형상으로 만족
> 하리이다(시 17:15).
> 과연 우리가 여기 있어 탄식하며 하늘로부터 오는 우리 처소로 덧입
> 기를 간절히 사모하노니(고후 5:2).

(3) 올바른 기도는, 기도를 통해 구하는 것을 찾는 지속적인 수고를 수반한다.

> 파숫군이 아침을 기다림보다 내 영혼이 주를 더 **기다리나니** 참으로
> 파숫군의 아침을 기다림보다 더하도다(시 130:6).
> 이에 내가 일어나서 성중으로 돌아다니며 마음에 사랑하는 자를 거리

완전한 기도

에서나 큰 길에서나 찾으리라 하고 찾으나 만나지 못하였구나(아 3:2).

기도하도록 만드는 것이 두 가지 있다는 점에 주목하라. 하나는 죄와 이생에 속하는 것들을 싫어하는 마음이다. 다른 하나는, 거룩하고 순결한 상태와 유업 속에서 하나님과 교제를 나누고 싶어 하는 갈망이다. 오직 이렇게 하는 기도를, 사람들이 하는 대부분의 기도와 비교해 봐라. 그러면 그것들은 단지 기도를 흉내 낸 것에 불과하며 가증스러운 정신을 뿜어내는 것이라는 사실을 알게 될 것이다. 대부분의 사람들은 전혀 기도하지 않는다. 기껏 기도하더라도 엉터리 기도를 함으로써, 하나님과 세상을 속이려고 애쓸 뿐이다. 저들의 기도와, 삶을 비교해 봐라. 그러면 저들의 기도에 담겨있는 것들은 거의가 그 자신들의 삶으로 추구하지 않는 것이라는 사실을 쉽게 알 수 있을 것이다.

아, 슬픈 위선자들이여!

4장

활용 및 적용

활용 1: 알아두어야 할 것

먼저 당신에게 알려주어야 할 것은 기도는 그리스도의 영이 영혼 속에서 수행하는 것이며 하나님의 자녀라면 당연히 해야 하는 의무라는 것이다. 그래서 주님께 기도하겠다고 나서는 모든 사람은 신중해야 하고, 예수 그리스도를 통해 하나님의 자비를 소망하는 마음으로, 그리고 특히 하나님을 경외하는 마음으로 기도에 임해야 한다.

기도는 하나님이 정하신 규례로써, 사람이 하나님께 매우 가까이 다가가기 위한 수단이다. 그러므로 영혼은 기도로 하나님 앞에 서는 것이기 때문에 기도할 때 하나님의 은혜의 도우심이 한층 더 필요하다. 사람이 왕 앞에서 불손하게 구는 것은 부끄러운 짓이다. 그러나 하나님 앞에서 불손하게 구는 것은 죄이다. 현명한 왕이라면, 꼴사나운 언행으로 떠들어대는 것을 좋아하지 않는 것처럼 하나님은 어리석은 자들의 제사를 결코 즐거워하지 않으신다(전

5:1-4). 기도는 하나님의 귀를 즐겁게 하는 긴 토론도 유창한 말도 아니다. 기도는 겸비하고 상하고 통회하는 마음이다. 이러한 마음이야말로 하늘의 주권자가 기뻐하시는 아름다운 향기이다(시 51:17, 사 57:15). 그러므로 기도를 방해하고 심지어 기도로 요청한 것들을 헛된 것으로 만들어버리기까지 하는 다섯 가지를 알아두어야 한다.

1. 하나님께 기도드릴 때 부정을 마음에 품는 것.

내가 내 마음에 죄악을 품으면 주께서 듣지 아니하시리라(시 66:18).

유혹을 막아달라는 것을 다음과 같이 오해할 수도 있다. 즉, 입술로는 반대할 힘을 달라고 구하면서도 마음은 그것에 사로잡혀 있을 수도 있다. 인간의 사악한 마음이란 이렇다. 사람은 기도하는 입으로는 반대한다고 말하면서도 마음으로는 사랑하고 단단히 붙잡으려고 한다. 입으로는 하나님을 높이지만 마음은 하나님에게서 먼 자들이란 바로 그런 자들이다(사 29:13, 겔 33:31). 거지가 개에게 던져줄 작정으로 적선을 비는 모습을 본다면 그것은 정말 추한 모습일 것이다. "제발, 이것을 내게 주십시오"라고 말한 뒤에 곧바로 "제발 그것을 주지 마십시오"라고 말하는 것은 또 얼마나 추한가! 입으로는 "주의 뜻이 이루어지이다"라고 말하지만 마음으로는 전혀 그렇지 않은 사람들, 입으로는 "주의 이름이 영광 받으소서"라고 말하지만 마음과 삶으로는 온종일 하나님을 수치스럽게 하는 자들, 이런 자들도 마찬가지로 추한 자들이다. 이런 기도는 죄악이다

(시 109:7). 사람은 종종 이런 기도를 하지만, 하나님은 이런 기도에 전혀 응답하지 않으신다(삼하 22:42).

2. 사람들에게 들려주기 위한, 경건한 사람으로 여겨지도록 하기 위한 연출로 기도하는 것. 하나님은 이런 식의 기도를 결코 인정하지 않고 영생에 관련하여 응답하지 않으신다. 두 부류의 사람들이 이런 목적으로 기도한다.

(1) 진정으로 몰두하고 있는 일이란 한낱 자신의 배를 불리는 것임에도 하나님을 경배하는 척하는 위인들의 집단에 뛰어드는 궁정 목사들이 그런 자들이다. 아합의 선지자들과 느부갓네살의 현자들은 이런 점에서 두드러진 자들이다. 이런 자들이 비록 대단히 헌신적인 듯 가장하더라도 자신의 모든 헌신을 통해 탐욕과 배를 채우기를 목표로 삼았던 자들이다.

(2) 유창한 언어구사를 통해 평판과 갈채를 구하고, 다른 무엇보다도 청중들의 귀와 머리를 간질이는 것을 더욱 구하는 자들 역시 그런 자들이다. 이런 사람들은 사람들에게 들려주기 위해 기도하는 데서, 이미 자신들이 받아야 할 상급을 받았다(마 6:5). 이들은 다음과 같은 특징에 의해 알아볼 수 있다.
① 귀에 들리는 표현에만 관심을 기울인다.
② 기도를 마쳤을 때 칭찬을 기대한다.
③ 칭찬이나 떠벌이는 것에 따라 기분이 달라진다.

완전한 기도

④ 긴 기도를 좋아한다. 그래서 기도를 길게 하려고 쓸데없는 말을 반복한다(마 6:7).

이런 자들은 말을 길게 늘이는데 마음을 기울이지 어떤 마음에서 나오는지를 알아보지 않는다. 응답을 바라지만 그 응답이란 것은 사람들의 공허한 갈채이다. 그래서 이런 사람들은 다락방으로 들어가는 것보다는 무리지어 모이는 곳을 좋아한다. 양심에 못 이겨 다락방에 들어갈 수밖에 없는 때가 있기는 하지만 위선 때문에 번잡한 곳에서 기도하기를 좋아한다. 이런 사람들은 입을 닫을 때 기도도 끝난다. 하나님이 말씀하시는 것에 귀를 기울이며 기다리지 않는다(시 85:8).

3. 하나님이 받지 않는 세 번째 종류의 기도는, 잘못된 것들을 구하는 기도이든지 혹은, 올바른 것들을 구하는 경우일지라도 자신들의 정욕에 쓰고 그릇된 목적을 위한 것이다. 구하지 않기 때문에 받지 못하는 사람들이 있고, 구하기는 하지만 잘못 구하기 때문에 즉, 욕심에 따라 쓰려고 하기 때문에 받지 못하는 사람들도 있다(약 4:2-4). 하나님의 뜻에 반反하는 목적은, 하나님께 간구한 것들을 받지 못하게 만드는 커다란 원인이다. 그렇기 때문에, 이러저러한 것들을 구하지만 받지 못하는 사람들이 매우 많다. 하나님은 그런 사람들에게는 오직 침묵으로만 응답하신다. 그들이 자신들의 수고에 대한 대가로 받는 것은 단지 자신들의 말뿐이다.

[반론]

그러나 어떤 사람들의 마음은 하나님께 올바르지 않지만 하나님이 그 기도를 들어주신다. 이스라엘의 경우가 그렇다. 하나님이 메추라기를 주셨을 때 이스라엘은 욕심을 채우기 위해 소비했다(시 106:14).

[답변]

하나님이 그렇게 하시지만 자비가 아니라 심판으로 그렇게 하신다. 하나님은 그들의 욕심대로 주셨지만 그들은 그것을 받지 않았더라면 훨씬 더 좋았을 것이다. 하나님은 그들의 영혼을 야위게 하셨다(시 106:5).

하나님에게서 이런 응답을 받는 자에게 화가 있을진저!

4. 응답받지 못하는, 또 다른 종류의 기도가 있다. 하나님은 주 예수께 나오지 않고 자기 자신의 이름으로 드리는, 그런 기도에 응답하지 않으신다. 하나님이 기도를 규정하셨고 피조물의 기도를 들으신다고 약속하였지만 그리스도 안에서 나오지 않는, 피조물의 기도를 듣겠다고 하신 것이 아니다.

너희가 내 이름으로 무엇이든지 구하면

또 무엇을 하든지 말에나 일에나 다 **주 예수의 이름으로 하고** 그를 힘입어 하나님 아버지께 감사하라(골 3:17).

너희가 **내 이름**으로 무엇을 구하든지 내가 시행하리니 이는 아버지로 하여금 아들을 인하여 영광을 얻으시게 하려 함이라 **내 이름으로** 무엇이든지 내게 구하면 내가 시행하리라(요 14:13-14).

비록 당신이 결코 그렇게 헌신적으로 열심을 가지고 착실하고 지속적으로 기도하지 않을지라도 오직 그리스도 안에서 기도하면 하나님은 틀림없이 당신의 기도를 들으시고 응답하신다. 그러나 오호라! 대부분의 사람들은 주 예수의 이름으로 하나님께 나아간다는 것이 무엇인지를 모른다. 이 때문에 이들은 악하게 살고, 악하게 기도하고, 악하게 죽기도 한다. 그렇지 않더라도 사람과 사람 사이의 말과 행실이 정확한 경우에 자연인이 얻을 수 있는 것만을 얻게 된다. 그리고 오직 율법의 의로움만 가지고 하나님 앞에 서게 된다.

5. 기도를 가로막는 마지막 장애물은 능력은 없고 형식만 있는 기도이다. 책에 기록된 것과 같은, 기도의 형식에 쉽사리 열심을 낸다. 하지만 기도의 정신과 능력이 있는지를 확인하는 일은 전적으로 망각한다. 이런 사람들은 얼굴을 꾸미고 거짓된 목소리를 좋아한다. 그 인물의 됨됨이는 위선자의 모습이고 그들의 기도는 가증스럽다(잠 28:9). 그들이 자신의 영혼을 하나님 앞에 쏟아내고 있었다고 말하지만 하나님은 그들이 개처럼 짖어대고 있었다고 말하신다(호 7:14).

그러므로 당신이 천지의 주재이신 하나님께 기도드릴 의향이라면 다음과 같은 특징에 유념하라.

(1) 자신이 무엇을 원하는지 진지하게 생각하라. 자신의 말로 허공을 찌르며 자신이 실제로 무엇을 원하지 않는 것, 필요로 하지도 않는 것을 구하는 많은 사람들처럼 하지 말라.

(2) 무엇을 원하는지 안다면, 그것을 견지하라. 지각 있게 기도하도록 유념하라.

[반론]

그러나 나는 아무것도 느끼지 못하겠다. 그렇다면, 당신의 주장대로라면 나는 기도해서는 안 된다.

[답변]

1. 서글플 정도로 지각이 없을지라도 그 지각없음을 불평해서는 안 된다. 오히려 지각이 있기에 지각없음을 지각하고 있는 것이다. 무엇인가를 필요로 한다는 지각에 따라 기도하라(눅 8:9). 만일 지각없음을 지각한다면, 자신의 마음이 지각하지 못하고 있는 것을 지각할 수 있게 해 달라고 하나님께 기도하라. 다윗이 자신의 종말을 알 수 있게 해 달라고 기도하였다(시 39:4). 제자들이 비유의 뜻을 알려달라고 했다(눅 8:9). 여기에 대해서는, "나에게 부르짖어라. 그러면 내가 너에게 대답할 것이며, 네가 알지 못하는" 즉, 지각하지 못하는 "크고 위대한 것들을 네게 보여 주겠다"는 약속이 첨가되어 있다(렘 33:3).

2. 네 입뿐만 아니라 네 마음이 하나님께 이르도록 주의하라. 네

완전한 기도

입이 네 마음보다 훨씬 더 멀리까지 나아가지 않도록 주의하라. 다윗이 자신의 마음과 영혼을 하나님께 들어 올리곤 했다. 이것이 타당하다. 사람의 입이 마음에도 없는 곳까지 나아가면, 그만큼은 입술운동에 불과하기 때문이다. 비록 하나님은 입으로 바치는 제물을 요구하고 받으시기도 하지만 마음이 없는 입술은 지각없음뿐만 아니라, 우리가 지각없음을 지각하지 못한다는 것을 보여준다. 그러므로 하나님께 기도할 생각이 있다면 당신의 마음으로 기도하도록 유념하라.

3. 감동을 주는 표현에 따라서, 사용할 때 흡족해지는 표현에 주의해, 기도의 생명력을 잃지 않도록 하라.

[주의 1]

성령을 받지 않았다든지 성령으로 기도하지 않는다는 갑작스러운 확신 때문에 기도를 팽개치지 않도록 주의하라. 최선의 기도에 반하는 일에 최선을 아니, 최악을 다하는 것이 사탄의 커다란 과업이다. 사탄이 당신의 거짓되고 껍데기뿐인 위선에 아첨하고, 잘하고 있다는 환상을 수도 없이 불어넣는다. 사탄이 이렇게 함으로써 기도와 및 다른 모든 의무들은 하나님께 고약한 냄새를 피운다. 이때 사탄이 가엾은 여호수아 옆에 서서 여호수아를 하나님께 고소한다. 즉, 여호수아에게 여호수아의 됨됨이도 행위도 하나님이 받으실만하지 않다는 확신을 불어넣는다(사 65:5, 슥 3:1). 그러므로 이런 거짓된 결론과 사실무근한 실망에 주의하라. 이런 확신이 영혼 속으로 스며들지라도 그런 것으로 인하여 결코 기죽지 말라. 그런 것들을 활용하여 자신을 더욱 깊은 순전하고 부단한 정신으로 하나님께 나아가도록 하라.

[주의 2]

이런 갑작스런 유혹에도 기도를 중단하지 않고 자신의 영혼을 하나님께 쏟아내기를 계속하는 것처럼, 당신 마음의 부패가 당신을 가로막지 못하게 하라. 앞에서 언급한 모든 것이 당신 마음에 있을 수도 있다. 당신이 하나님께 기도하려고 할 때 부패가 당신의 마음을 차지하려고 기를 쓰며 달려들기도 할 것이다. 그때 해야 할 일은, 그 부패를 판단하고 반대하여 기도하고, 마음의 무가치함을 지각하면서 그만큼 더욱 더 하나님의 발 앞으로 나아가는 것이다. 당신 마음의 무가치와 부패로 인한 낙담과 절망의 주장보다는, 의롭다하고 거룩케 하는 은혜를 달라고 하나님께 간구하는 주장을 하는 것이다. 다윗이 이렇게 했다.

여호와여 나의 죄악이 중대하오니 주의 이름을 인하여 사하소서(시 25:11).

활용 2: 격려의 말

비참하고 유혹에 빠지고 낙심한 영혼들에게, 그리스도를 통해 하나님께 기도하라는 격려의 말을 하고 싶다. 영생에 관련하여 하나님이 받으시는 모든 기도는 성령 안에서 하지 않으면 안 된다. 오직 성령만이 하나님의 뜻에 따라 우리를 중재해주기 때문이다(롬 8:27). 하지만, 많은 비참한 영혼들이 성령이 자기 안에서 역사하고 있고 하나님께 자비를 간구하도록 자극을 주고 있기 때문에 성령 안에서 그리스도를 통해 하나님께 기도해야 한다. 비록 지금은 불신앙 때문에 자신이 하나님의 백성이라는 사실을 믿을 수 없을지라도 은혜의 진리가 그들 속에 있을 수 있기 때문에, 나는 그런 자들에게 기도하라고 격려하기 위해 다음과 같은 특수한 경우를 규정하고자 한다.

1. 누가복음 11:8의 말씀은 그리스도 예수를 갈급히 찾는 비참한 영혼에게 무척 고무적인 말씀이다. 주님께서는 5-7절에서, 떡 세 덩어리를 빌리러 친구를 찾아간 어떤 사람에 관한 비유를 말씀하신다. 그 친구는 잠자리에 누워있기 때문에 그의 청을 거절했다. 하지만 끈덕지게 졸라댔기 때문에 자리에서 일어나 부탁을 들어주었다.

이 비유의 명백한 의미는, 비록 비참한 영혼은 그 믿음이 연약하기 때문에 자신이 하나님의 벗인지를 알 수는 없지만 자비를 베풀어 달라고 하나님의 문을 두드리며 간청하고 구하기를 포기해서는 안 된다는 것이다. 그리스도께서 "그가 자신의 친구이기 때문에 일어나서 주지는 않겠지만 당신의 간청함 때문에," 쉬지 않고 졸라대기 때문에, "자리에서 일어나 그가 달라는 대로 줄 것이다"라고 하신 말씀에 주목하라. 가난한 마음이여! 당신은 하나님이 돌보지 않으신다고 부르짖는다. 당신은, 악한 행실 때문에 마음속에 하나님을 향한 사랑이 아니라 적대감이 존재한다는 사실을 발견한다(골 1:21). 주님께서 당신에게, 그 비유에서처럼 마치 "나를 성가시게 하지 말라. 나는 너에게는 줄 수 없다"라고 말씀하시는 것 같다. 그러나 내가 말하건대 계속해서 두드려라, 계속해서 부르짖어라, 계속해서 탄식하라, 계속해서 슬피 울라. 나는 당신에게 "비록 당신이 그의 친구이기 때문에 일어나서 주지는 않겠지만 당신의 간청함 때문에 일어나서 당신이 달라는 대로 줄 것이다"라고 말한다.

누가복음 18장에 있는, 불의한 재판관과 가난한 과부의 비유에서도 결과적으로 동일한 진리를 발견할 수 있다. 가난한 간청이 저 불의한 재판관에게서 허락을 받아냈다. 그리고 정말이지 나 자신의 경험은, 간청 이상으로 하나님에게서 허락을 받아내는 것이 없다고 말해준다. 당신의 집 문을 두드린 거지들을 생각해보면 당신도 그렇지 않은가? 거지들이 처음에 당신에게 구걸할 때는 아무것도 주고 싶지 않다가도, 당신을 계속 따라다니면서 애걸하고 동냥을 얻지 않고는 아무데도 가지 않을 기세라면 당신도 그들에게 적선을 베푼다. 그들의 지속적인 간청 때문에 허락하게 된다. 사악한 당신 안에 창자가 있는가? 졸라대는 거지가 들어앉아있어 그 창자를 채워달라고 하는가? 가서 똑같이 하라. 그것은 효과적인 동기이다. 좋은 경험에 입각해 볼 때, 그는 당신이 필요로 하는 만큼 채워주실 것이다(눅 11:8).

2. 죄를 깨닫고 떨고 있는 비참한 영혼에게 주는 또 하나의 격려는, 저 위대한 하나님이 비참한 피조물의 간구와 기도에 귀를 기울

완전한 기도

이기 위해 좌정하신 장소, 보좌 즉, "은혜의 보좌"를 생각하라는 것이다(히 4:16, 출 25:22). 그것은, 복음시대에는 하나님이 자비와 죄용서에 자신의 보좌를 두셨으며 거기에서 죄인의 목소리를 듣고 죄인과 교제를 나눈다는 뜻이다.

출애굽기 25:22에서 "자비의 보좌에서 내가 너와 만나겠다"고 말씀하셨다. "자비의 보좌 위에서"라는 말에 주목하라. 즉, "내가 너와 만나겠고 거기, 자비의 보좌 위에서 내가 너와 교제를 나누겠다"라고 말씀하셨다. 가난한 영혼이여! 하나님에 관해 이상한 생각을 품고 다니다가 갑자기 하나님은 자비의 보좌 위에 계실 때 그리고 비참한 피조물의 기도에 귀 기울이고 존중하기 위한 목적으로 보좌 위에 자리를 펴실 때 자기를 존중하지 않을 것이라고 정말 쉽사리 결론 내린다. 만일 주님께서 "내가 나의 심판의 보좌에서 너와 교제를 나눌 것이다"라고 말씀하셨다면 정말이지 저 위대하고 영광된 주권자 앞에서 떨며 달아났을 것이다. 그러나 주께서 저 은혜의 보좌 위에서 즉, 자비의 보좌로부터 영혼에게 귀를 기울이며 교제를 나누겠다고 말씀하실 때, 용기가 생기고 소망을 품게 된다. 자비를 얻기 위해, 곤고한 때에 도와주시는 은혜를 구하기 위해, 은혜의 보좌 앞으로 담대히 나아가게 된다(히 4:16).

3. 하나님께 계속 기도하라고 격려해주는 것이 하나 더 있다. 하나님이 비참한 죄인들과 기꺼이 교제를 나누실 자비의 보좌가 존재하는 것처럼, 그 자비의 보좌 곁에는 계속해서 자신의 피를 뿌리는 예수 그리스도가 계신다. 히브리서 12:24에서는 "뿌린 피"로 언

급되어 있다. 율법시대의 대제사장은 자비의 보좌가 있는 지성소에 들어가야 할 때에는 "피 없이"는 들어가지 못했다(히 9:7).

어째서 그런가? 왜냐하면 하나님이 비록 자비의 보좌 위에 계실지라도 자비로우실 뿐만 아니라 완벽하게 의롭기 때문이다. 피는, 대제사장이 중재한 사람들에게 정의가 가해지는 것을 막아주었다. 레위기 16:13-17에서처럼 그것은, 당신이 두려워하는 당신의 모든 무가치함이 당신을 그리스도 안에서 하나님께 나와 자비를 구하지 못하도록 가로막지 못한다는 뜻이다. 당신은 자신이 무가치하고 따라서 하나님은 당신의 목소리에 귀를 기울이지 않으실 것이라고 부르짖는다. 만일 당신이 자신의 무가치함을 즐거워하고 겉으로만 하나님께 나온다면, 이는 맞는 말이다. 그러나 만일 당신이 당신 자신의 무가치함을 지각하였기에 하나님 앞에 당신의 마음을 쏟아내며 당신의 온 마음을 다해 그 죄과로부터 구원받기를 원하고 그 더러운 것을 씻어내기를 원한다면, 두려워 말라. 하나님은 당신의 불결함 때문에 당신의 말을 듣지 않으려고 귀를 막지 않으신다. 자비의 보좌에 뿌린 그리스도의 피의 가치가 정의의 행로를 막아주고, 주의 자비가 당신에게까지 이르도록 수문을 열어준다. 그러므로 앞에서 언급한 것처럼, 당신은 당신을 위해 "새롭고 살아 있는 길"을 만들어놓은 "예수의 피에 의해 지성소에 들어갈 담력"을 얻었다. 당신은 결코 죽지 않는다(히 10:19-20).

게다가 예수님은 단지 자비의 보좌에 자신의 피를 뿌리기 위해서만 거기에 계신 것이 아니다. 그가 말하고 그의 피가 말한다. 그가 하는 말을 하나님이 들으시고, 그의 피가 하는 말도 하나님이 들

완전한 기도

으신다. 하나님은 그 피를 보기만 해도 "너를 넘어갈 것이며 재앙이 네게 미치지 않게 할 것이다"라고 말씀하셨다(출 12:3).

이제 더 이상 당신을 붙잡아두지 않겠다. 정신 차려라. 겸손하라. 아들의 이름으로 아버지께 나아가라. 성령의 도우심으로 하나님께 당신의 사정을 아뢰라. 그러면 당신은 성령으로 그리고 이해로도 기도하는 혜택을 느끼게 될 것이다.

활용 3: 책망의 말

1. 이것은 전혀 기도하지 않는 자에게는 슬픈 말이다. 바울은 "내가 기도하겠다"고 말하고 그리스도인의 마음을 가진 자들도 그렇게 말한다. 기도하지 않는 자는 그리스도인이 아니다. 모든 의인이 기도하게 된다는 것은 약속이다(시 32:6). 기도하지 않는 자는 비참한 악인이다. 야곱은 하나님과 씨름함으로써 이스라엘이라는 이름을 얻었다(창 32장). 그리고 그의 모든 자녀들도 그와 더불어 그 이름을 받았다(갈 6:16). 하지만 기도를 망각하는 자들 즉, 하나님의 이름을 부르지 않는 자들은 자신들에게 알맞은 기도가 있다. 즉, 그것은 "오, 주여, 이방인들에게, 주의 이름을 부르지 않는 족속들에게 주의 진노를 부으소서"와 같은 기도이다(렘 10:25). 하나님께 자신의 마음을 쏟아내는 것에서 멀리 떨어져 있는 자여! 개처럼 잠자리에 들고 돼지나 주정뱅이처럼 일어나는 자여! 이 기도가 마음에 드는가? 자신의 마음속에서 하늘을 구하는 기도를 할 수 없기 때문에 정죄 받아 지옥에 던져질 때 무엇을 할텐가? 하나님의 자비는

구할 가치가 없다고 여기는 자의 슬픔을 슬퍼해줄 자가 있을까? 기도하지 않는 자에게 말한다. 까마귀, 개 따위가 심판날에 기도하지 않는 자에게 반대하여 일어설 것이다. 그것들은 자신들의 종에 따라 신호를 보내고 소리를 내어, 자신들이 원할 때 새롭게 할 어떤 것을 구한다. 그러나 당신은 하늘이 없으면 지옥에서 영원히 멸망당할 수밖에 없음에도 하늘을 구할 마음을 품지 않는다.

2. 성령과 성령에 의해 기도하는 것을 하찮게 여기고 조롱하며 경시하는 것을 자신이 마땅히 해야 할 일이라고 여기는 그대를 꾸짖는다. 하나님이 오셔서 이런 것들에 대해 결산하실 때 당신은 어찌 할 텐가? 당신은 국왕을 거슬리는 단 한 마디말도 대역죄라고 생각한다. 당신은 그런 것을 생각하면 몸을 떤다. 반면에 당신은 하나님의 성령을 모독하려 든다. 정말 하나님을 희롱해도 될까? 이런 그대의 종말이 유쾌할까? 이것이 하나님을 섬기는 것인가? 이것이 당신 교회의 개혁을 보여주는 것인가? 이것은 용서받지 못할 유기자들의 징표가 아니던가? 오, 두려워라! 당신은 율법을 거슬린 죄 때문에 정죄 받는 것으로 만족할 수 없단 말인가? 당신은 반드시 성령을 거슬리는 죄를 지지어야 하겠는가?

거룩하고 해롭지 않고 더럽지도 않은 은혜의 성령, 하나님이 본성, 그리스도의 약속, 하나님의 자녀들을 위로하는 보혜사, 그 없이는 하나님 아버지께서 받아들일만한 어떤 봉사도 할 수 없는 이것 즉, 그를 비웃고 경멸하고 조롱하는 이것이 당신 노래의 부담이 틀림없는가? 만일 고라와 그의 동무들이 모세와 아론을 비난한 것

완전한 기도

때문에 하나님이 그들을 지옥에 거꾸로 처넣으셨다면, 그리스도의 영을 조롱하는 당신이 처벌받지 않고 무사히 넘어갈 수 있으리라고 생각하는가?(민 16장과 히 10장을 보라.) 아나니아와 삽비라가 성령께 단 한 번 거짓말을 한 것에 대해 하나님이 어떻게 하였는지를 읽어본 적이 없는가?(행 5장) 시몬 마구스가 어떻게 되었는가? 시몬 마구스가 한 일이라곤 성령을 하찮게 생각한 것밖에는 없지 않은가?(행 8:18-22) 그러면, 하나님의 자녀들에게 제공되는 성령의 직무와 봉사 그리고 도움에 분을 내며 반대하는 당신의 죄는 공적功績일까 아니면 보복 받지 않고 넘어갈까? 은혜의 성령을 경멸하는 것은 무서운 짓이다(마 12:31과 막 3:30을 비교하라).

3. 성령의 직무와 봉사를 경멸하고 비난함으로써 성령을 공공연히 모독하는 자들의 운명이 위와 같듯이, 사람이 발명한 형식에 의해 기도의 성령에 저항하는 당신도 마찬가지로 슬픈 운명이다. 인간의 전통이 기도의 성령보다도 훨씬 존중할만하고 바람직하다는 발상은 사탄의 속임수이다. 이것은, 하나님이 정하신 예배 처소인 예루살렘으로 올라가는 길을 막고 그럼으로써 하나님의 불쾌하심이 많은 사람들에게 미치게 하여 오늘날까지도 누그러지지 않게 한 여로보암의 저주받은 가증스러운 짓보다 약한 죄인가(왕상 12:26-33)? 그 당시 위선자들에게 주어진 하나님의 옛적 심판은 이런 것들에 관해 들은 사람들로 하여금 그렇게 하지 않도록 주의를 기울이고 두려움을 갖게 만들어준다고 여겨질 것이다. 그러나 우리 시대의 박사들은 다른 사람들이 받은 형벌을 결코 경고로 받아들이

지 않는다. 그래서 동일한 죄악을 향해 매우 필사적으로 돌진한다. 즉, 하나님이 명령하지도 않고 권고하지도 않은 인간적인 제도를 구축한다. 그리고 그들은 거기에 순응하지 않는 모든 사람을 반드시 나라 밖이나 세상 밖으로 몰아낸다.

하나님이 당신 손에 들려있는 그것들을 달라고 요구하셨는가? 만일 하나님이 요구하셨다면 그 근거가 어디에 있는지를 우리에게 알려주지 않겠는가? 나는 그것이 하나님의 명령이 아니라고 명백히 확신하고 있다. 하나님이 명령하신 것이 아니라면, 하나님께 예배드릴 때 하나님이 요구하지 않으신 것을 하라고 명령하는 것은 교황이나 주교나 다른 누구라도 얼마나 저주스러운 뻔뻔함인가? 더욱이, 우리가 말하도록 명령받은 몇몇 성경 본문인 그 형식의 일부가 아니라 그 전부를, 거기에 담겨 있는 불합리한 것들에도 불구하고 하나님에 대한 거룩한 예배라고 고백하지 않으면 안 된다. 그 불합리한 것들은 대체로 다른 사람들이 발견하였기 때문에 나는 여기에서 재론하지 않겠다.

하나님이 결코 명령하지 않은 것을 양심상 하나님께 드리는 예배의 가장 탁월한 일부분으로 인정할 수 없고 따라서 결코 그다지 평화롭게 살지 못하는 사람이 있다. 그렇다고 해서, 그 사람을 당쟁을 일삼고 선동적이며 잘못되었으며 이단적인 사람으로 간주해야 하는가? 주여, 하나님의 교리를 대신하여 인간의 전통을 부과할 때 그 열매는 무엇이겠습니까? 이런 식으로, 기도의 성령을 인정하지 않고 기도의 형식을 강요한다. 성령을 멸시하고 형식을 높인다. 성령과 함께 기도하는 자들은 비록 매우 겸손하거나 거룩하지 않아도

완전한 기도

광신도로 간주된다. 형식을 가지고 기도하는 자들은 오직 그 형식 밖에 없을지라도 덕이 높다고 간주된다. 이런 관행을 좋아하는 사람들은, 교회는 경건의 모양은 있지만 경건의 능력이 없는 그런 것을 탈피해야 한다고 명령하는 성경에 어떻게 대답을 할 것인가(딤후 3:5)? 위에서 언급한 것들을 행하는 사람들은 다른 사람들이 만든 기도의 형식을 기도의 영보다도 앞세우고 있다는 것을 증명하는 데에는 오랜 시간이 필요 없다. 공동기도서를 기도의 성령보다 위에 두는 자는, 사람이 만든 형식을 기도의 성령보다 위에 두는 것이다. 그러나 기도의 영과 함께 기도하는 자들을 추방하거나 추방하기를 원하는 반면에 오직 기도의 형식만을 가지고 기도하는 자들을 그 이유 때문에 포용하고 받아들이는 모든 사람들은 실제로는 위와 같은 행위를 하는 자들이다. 그러므로 그들은 자기 자신이나 다른 사람들이 발명한 형식을, 하나님의 특별하고 은혜롭게 정하신 기도의 성령보다도 더 사랑하고 앞세운다.

만일 인간이 만든 것들을 치워버리고 싶다면 잉글랜드의 감옥과 술집을 들여다보라. 그러면 당신은 기도의 성령을 달라고 탄원하는 자들은 감옥에 있고, 인간이 발명한 형식을 추구하는 자들은 술집에 있는 모습을 발견하게 될 것이다. 하나님이 사랑하시는 사역자들은 비록 기도의 성령에 의해 결코 그렇게 강력하게 능력을 부여받지 않았을지라도 공동기도서의 형식을 양심적으로 인정할 수 없는 경우 감옥에 던져졌기 때문에 그렇게 된 것이 분명하다. 내가 장담하건대 이것은 분명코 성령에 의지하여 기도하거나 말씀을 전하는 것보다 공동기도서를 훨씬 더 높이는 짓이다. 나로서는 이점을 길게 논하는 것은 유쾌한 일이 아니다. 자비의 하나님이 백성들의 마음을 돌려주셔서 그들이 기도의 성령을 더욱 추구하기를 바라고, 성령의 능력을 힘입어 자신들의 영혼을 하나님 앞에 쏟아내기를 바란다. 하나님께 드리는 거짓된 예배의 가장 두드러진 부분 가운데 하나인 그것이 인간의 전통에 불과하고 그것을 지탱하고 변론하기 위한 것이 박해의 힘밖에 가진 것이 없다면 그것은 적그리스도적이라는 서글픈 징표이다.

결론

나는 하나님의 백성들에게 다음과 같은 조언을 주는 것으로 이 강론을 마치고자 한다.

1. 당신이 하나님의 길로 행하는 것만큼이나 확실하게 유혹과 마주칠 것이라고 믿어라.
2. 그러므로 그리스도의 회중에 들어가는 첫날부터, 유혹이 닥칠 것이라고 기대하라.
3. 유혹이 찾아오면, 당신이 유혹을 헤쳐 나갈 수 있게 해 달라고 하나님께 간구하라.
4. 당신의 마음을 단단히 지켜라. 천국의 증거라든가 이 세상에서 하나님과 동행하는 것에서 당신의 마음이 당신을 속이지 못하게 하라.
5. 거짓 형제들의 아첨에 주의하라.

6. 진리의 생명력과 능력을 항상 간직하라.

7. 눈에 보이지 않는 것들에 특히 주목하라.

8. 사소한 죄악을 주의하라.

9. 항상 하나님의 약속이 당신의 마음을 뜨겁게 하도록 하라.

10. 그리스도의 보혈을 믿는 믿음의 행실을 새롭게 하라.

11. 당신이 속한 세대가 해야 할 일을 생각하라.

12. 그 일을 선두에서 수행하겠다고 결심하라.

은혜가 당신에게 넘치기를!

2부

올바른 기도

존 길
(John Gill, 1697~1771)

John Gill

Arthur W. Pink

John Bunyan

기도는 성도의 영적 무구武具를 구성하는 일부분이며, 비록 에베소서 6:18에서는 마지막으로 언급되지만 세속의 원수들에 대항하고 그들에 대한 승리를 쟁취하기 위해 종종 사용하기도 하는 주요한 부분이다. 아사, 여호사밧, 그 외 다른 사람들의 기도에서 그 예를 찾을 수 있다. 역대하 14:11-12, 20:3-5, 22을 찾아보라. 스코틀랜드의 여왕 메리Mary에 관해 전해지는 이야기에 따르면, 여왕은 2만 명의 군대보다도 탁월한 목사인 존 낙스John Knox의 기도를 훨씬 더 무서워했다. 그리고 기도는 하나님의 백성들의 영적 원수들에 대항하고 그들을 이기는 데 쓸모가 있다. 사탄은 종종 이 무기의 위력을 실감했다. 기도를 믿는 믿음으로 사탄에 저항하라. 그렇게 하면 사탄은 당신에게서 달아날 것이다. 바울이 사탄에 의해 농락당하고 풀이 죽게 되자 기도에 매달렸다. 사탄이 자기에게서 떠나게 해 달라고 주님께 세 번 간청하였고 "내 은혜가 네게 충분하다"(고후 12:9)라는 응답을 받았다.

사실상 그리스도인의 무장을 구성하는 이 부분을 다루는 것처럼 성도에게 유리하든지 불리하든지 함께 하는 것이다. 이스라엘과 아말렉 사이의 전투에서 모세가 두 팔을 올렸을 때, 그것은 승리의 기도를 상징하는 것이며 이스라엘이 우세했다. 그러나 모세의 두 팔이 아래로 처진다면, 그것은 무기력한 기도를 상징하는 것이며 아말렉이 우세했다. 기도는 커다란 능력과 하나님에 대한 설득력을 지니고 있어서 악한 것들을 제거하거나 막거나 그리고 축복을 받는다. 야곱은, 왕자처럼 하나님과 씨름하였고 기도와 간구로 하나님을 설득하였기 때문에 이스라엘이라는 명칭을 부여받게 되었다(창

완전한 기도

32:26-28, 호 12:3-4). 엘리야는 열심히 기도하였고 그의 기도는 매우 효과적이었다(약 5:16-18). **기도는 거듭난 영혼의 호흡**이다. 아기는 세상에 태어나자마자 운다. 영혼은 거듭나자마자 기도한다. 이것은 회심하는 순간의 바울에게서도 관찰된다.

보라, 저가 기도한다(행 9:11).

생명이 존재하는 곳에 호흡도 존재한다. 영적 생명이 존재하는 곳에 영적 호흡도 존재한다. 이러한 영혼들은 하나님을 찾아 숨을 쉬고, 마치 사슴이 시냇물을 갈급히 찾듯이 하나님을 갈급히 찾는다. 기도는 영혼이 하나님께 말하는 것,[1] 하나님과 대화하는 것, 하나님과 이야기를 나누는 것이다. 이것은, 하나님과 나누는 교제의 상당부분을 차지한다. 기도는 우리가 필요로 하며 하나님의 뜻에 일치하며 하나님의 영광을 위해 베푸실만한 것들을 구하기 위해, 우리 영혼의 믿음과 신실함으로, 하나님의 성령의 영향력과 도우심에 의해, 중보자이신 그리스도를 통해, 그리스도의 이름으로, 하나

---

1 알렉산드리아의 클레멘스, Stromat 제 1권, 7. p. 722, 742. —[역자주] 알렉사드리아의 클레멘스(Clemens of Alexandria)는 후대에 알려진 이름이고 본명은 티투스 프라비우스 클레멘스(Titus Flavius Clemens, A.D. 150-215경)이다. 그리스 아테네의 지식인 가정에서 태어나 많은 교육을 받고 그리스 고전철학에 정통했다. 180년경 알렉산드리아에 가서 교리학교의 교장인 판타에누스(Pantaenus)를 만남으로써 지적 편력을 끝냈고, 박해 기간 중에 판타에누스의 뒤를 이어 교리학교를 맡았다. 물질을 경시하며 이원론적 세계관을 제시한 영지주의 풍조를 반대하였다. 신앙과 철학의 조화를 모색하려고 노력했다. 그의 책 「스트로마타」(Stromata)는 "양탄자"라는 뜻으로 실을 엮어서 하나의 양탄자를 만들듯이 여러 형태의 글을 일정한 순서나 체계 없이 모아서 만들었기 때문에 붙인 이름이다. 모두 8권으로 구성되었다.

님께 아뢰는 것이다. 따라서 복종하는 마음으로 구해야 하는 것이
다. 이제 공적 기도 즉, 하나님의 교회에서 공적으로 정한 규례로써
의 기도를 다루고자 한다.

완전한 기도

기도의 종류

먼저 다양한 종류의 기도에 주의를 기울여보자. 모든 즉, 온갖 종류
의 기도로 기도해야 하기 때문이다.

1. 지성적 기도 혹은 **마음속으로 하는 기도**가 있다. 실제로 기
도는 이것으로 시작해야 한다. 그래서 다윗은 "마음속으로 기도했
다"(삼하 7:27). 그리고 그것은 "효과적이고 뜨거운" 혹은 에넬구메
네ενεργουμενη, "아주 유용한, 의인의 내적 기도"로써 하나님의 성령이
마음속에서 일으키고 형성한 것이다(약 5:16). 모세가 홍해에서 드
린 기도가 이런 종류의 기도였다. 그때 하나님은 모세에게 "어째서
너는 내게 부르짖지 않느냐?"라고 말씀하셨지만 성경에는 모세가
어떤 말로 기도하였는지 단 한 마디도 기록되어 있지 않다. 한나가
드린 기도도 이런 종류의 기도였다.

한나가 속으로 말하매 입술만 동하고 음성은 들리지 아니하므로(삼상
1:13).

이런 기도는 우리가 절규하는 기도라고 부르는 것으로써, 활에서 발사된 화살처럼 쏜살같이 하나님께로 날아올라간다. 대개 공적인 일을 하던 중에, 공적 모임의 와중에서 눈에 띄지 않게 할 수 있는 기도이다. 느헤미야가 왕 앞에서 있을 때 한 기도가 이런 기도였다(느 2:4-5). 하나님은 이런 기도에 주목하고 귀를 기울이신다.

비록 우리가 입술을 열지 않고 속삭이며 침묵으로 기도하며 속으로 부르짖더라도 하나님은 그 내적 대화를 끊임없이 들으신다.[2]

그러므로 마음속의 생각으로 하나님께 기도하라.

2. 들리는 **음성으로 하는 기도**가 있다. 들리기는 하지만 정확하게 분간할 수 없는 즉, 불분명한 소리로 표현하는 기도가 있다. "말로 할 수 없는 신음소리로" 기도하는 것이 그것이다. 그러나 하나님은 [성도가] 신음소리로 하는 말을 완벽하게 알아듣고 이해하시며 응답하신다. 반면에, 하나님뿐만 아니라 사람들도 알아듣고 이해할 수 있는 말로, 정확하게 발음하여 표현된 말로 하는 기도가 있다.

내가 나의 목소리로 여호와께 부르짖으니…(시 3:4. 5:2-3).

하나님은 교회에게 이런 종류의 기도를 하라고 하셨다(호 14:2).

---

2 알렉산드리아의 클레멘스, 앞의 책.

완전한 기도

3. 개인적인 기도가 있다. **혼자서 하는 기도**이며 우리 주님께서 마태복음 6:6에서 가르치신 기도이다. 마태복음 14:23에서 이런 기도의 사례와 모범을 찾을 수 있다. 또한 사도행전 10:9에서 베드로의 사례를 확인해 봐라.

4. 합심기도가 있다. 많든 적든 **함께 무리지어서 하는 기도**로써 우리 주님께서도 함께 모여 기도하라고 격려하셨다.

> 너희 중에 두 사람이 땅에서 합심하여 무엇이든지 구하면 하늘에 계
> 신 내 아버지께서 저희를 위해 이루게 하시리라 두 세 사람이 내 이
> 름으로 모인 곳에는 나도 그들 중에 있느니라(마 18:19-20).

사람들이 합심하여 드리는 기도의 사례는 사도행전 20:36에 있다. 합심기도는 사도 유다가 다소 중시한 기도다(유 1:20).

5. 가족기도가 있다. 이것은 가족 안에서, **가족과 함께 가장이 수행하는 것**이다. 여호수아가 가족 예배에 대한 귀중한 모범을 세웠다(수 24:15). 다윗에게서도 그런 사례를 발견할 수 있고(삼하 6:20), 로마군대의 백부장 고넬료가 기독교를 잘 알기도 전에 가족기도를 실천했다(행 10:2, 30). 그 반대의 행위 즉, 가족기도를 소홀히 하면 하나님의 분노를 산다. 하나님의 이름을 부르지 않는 가정에 하나님의 분노와 격노가 미칠 것이라고 예상할 수 있을 것이다(렘 10:25). 가정은 매일 하나님의 사비를 필요로 하기 때문에 가족

기도는 당연히 타당하다. 그러므로 가정에 자비를 베풀어달라고 기도해야 한다. 매일 가정에 자비를 베푸시므로 자비에 대한 감사를 매일 하나님께 드려야 한다.

6. 공적 기도가 있다. 공적 기도는, 사람들이 공적으로 만나서 하나로 결합된 몸 즉, 회중이 신성한 예배를 드릴 때 특히, 그 **예배의 일부분으로 드리는 기도**를 말한다. 기도는 항상 공적 예배의 일부분을 구성하기 때문이다.

(1) 공적 기도가 신성한 예배의 일부가 된 것은 에노스의 시대였다.

셋도 아들을 낳고 그 이름을 에노스라 하였으며 그 때에 사람들이 비로소 여호와의 이름을 불렀더라(창 4:26).

"여호와의 이름을 불렀다"는 것은 "여호와의 이름으로 기도했다"는 뜻이다. 탈굼~Targum~ ³도 창세기 4:26을 이렇게 번역했다. 에노스 이전의 경건한 사람들은 개인적으로 혹은 가족으로 모여서 기도했다. 그러나 이 무렵에는 가족의 수가 늘고 커졌기 때문에 함께 모여 공적 예배를 드렸다. 이 공적 예배의 일부분으로 공적 기도를 드렸던 것이다. 이것은 족장시대 내내 계속되었다.

---

3 [역자 주] 탈굼(Targum)은 아람어 성경을 말한다. 기원전 5-6세기경에 페르시아 제국에서 아람어가 공식언어가 되었다. 디아스포라 유대인들도 아람어를 사용하면서 유대인 회당에서도 통역사(메투르게만, metrugeman)가 히브리 성경을 통역해 주었다. 구두로 통역되고 전달되던 아람어 번역이 기록된 것을 탈굼이라고 한다.

완전한 기도

(2) 모세 시대 특히, 장막성전이 있던 동안에 공적 기도를 드렸다. 장막성전을 "회막" 즉, 회중의 장막이라고 불렀다. 그것은 먼스터Munster가 주장하였듯이, 이스라엘 회중이 거기에서 모여 기도와 제사를 드렸기 때문이다(출 27:21). 더욱이, 모세가 이스라엘 진영 바깥에 세운 장막성전이 하나 더 있었다. 이 성전은 일시적이었던 것으로 보이는데 같은 이름으로 불렀다(출 33:7). 요나단의 탈굼에 따르면, 이 성전은 교리를 가르치는 장소였을 뿐만 아니라 진정으로 회개한 모든 사람들이 가서 자신의 죄악을 고백하고 용서를 구하고 받았던 곳이었다.

(3) 위의 두 장막성전에서는 공적 기도가 신성한 예배의 일부를 이루었다. 솔로몬의 첫 번째 성전을 봉헌할 때 이스라엘 앞에서 공적 기도를 드렸다. 이후로 백성들은 이 성전에서 기도하고 탄원하였으며, 여호사밧 역시 유다와 예루살렘 온 회중과 함께 이 성전에 서서 기도했다. 그러므로 성전을 "기도하는 집"이라고 불렀다(사 56:7). 마찬가지로, 제2 성전에서도 기도하는 관습이 있었다. 기도하기 위해 성전으로 올라가는 두 사람에 관한 대목과 그들이 기도한 내용을 성경에서 찾아볼 수 있다(눅 18:10). 사도행전 3:1을 보라. 대개 백성들은 분향하는 시간에 맞춰 기도했다. 스가랴가 성전에서 향을 피우는 동안 백성들은 밖에서 기도하고 있었다(눅 1:9-10). 여기에서 기도는 분향에 비견된다. 성도들의 기도를 "향기"라고 부르며, 분향으로 드린다고 했다(시 141:2, 계 8:3-4). 아가사키데스Agatharcides[4]라는 이교도 작가의 증거에 따르면, 성전이 있었던 시

---

4 [역자 주] 아가사쿠스(Agarthachus)라고도 하며 이집트의 톨레미 6세(Ptolemy

대에 유대인들은 일곱 번째 날에는 일손을 멈추고 전혀 일을 하지 않는 대신에 성전에 머물면서 저녁때까지 손을 뻗어 기도했다. 희생을 드릴 때, 율법이 정한 거주 기간 동안, 기도 드릴 시간에 성전에 올라올 수 없는 사람들을 대신하고 대리하는 소위 "붙박이들"이라고 불리던 일단의 사람들이 있었다는 주장도 있다.

(4) 공적 기도는 회당 예배의 일부분이었다. 이것에 대해서는, 우리 주님께서 위선자들에 관해 하신 말씀 중에, 사람들이 보고 들을 수 있도록 "회당에 서서 기도"하기를 좋아한다고 지적하신 말씀에서 확인할 수 있다(마 6:5). 대부분의 유대인들이 공적 기도를, 항상 해야 하는 것이며 따라서 회중과 함께 즉, 혼자서가 아니라 아침저녁으로 회당에 가서 기도에 참여해야 한다는 관념을 폭넓게 가지고 있었다. 회당에서 드리는 기도 이외에는 기도 소리가 들리지 않기 때문이었다. 그리고 이스라엘 사람이 열 명만 있어도 기도할 때마다 기도하기 위해 모이는 건물을 세워야 한다고 하였기 때문이었다. 이 장소를 회당이라고 부른다. 이 장소를, 바울과 실라가 빌립보 인근으로 찾아가서 거기에 출입하던 사람들에게 말씀을 전한 기도처(행 16:13) 혹은 프로세우카[proseucha, 유대인의 회당] 혹은 오라토리[예배당]와 동일하다고 여기는 사람들도 있고 다른 곳이라고 여기는 사람들도 있다. 우리 주님께서 온 밤을 지새우며 계속해서 기도한 곳도 이런 곳이 아닌가 한다(눅 6:12). 유대인들은 특

Philomator, 181-146) 시대에 살았던 그리스 역사가이며 지리학자이다. 아시아, 유럽, 홍해에 관한 논문을 썼고 특히, 홍해에 관한 논문의 발췌문이 포티우스의 글에 남아 있다.

완전한 기도

히 안식일에 이런 곳에서 모여 교육과 기도를 수행했다. 필로Philo 와 요세푸스Josephus 그리고 고대의 관습이 그와 같이 주장한다.

(5) 신약시대에, 기도는 몇몇 교회에서 공적 예배의 일부분이었다. 최초의 교회였던 예루살렘 교회에서도 그랬다. 우리 주님께서 승천하신 이후에 제자들은, 최초의 교회를 구성하는 여자들 및 다른 사람들과 함께 예루살렘에서 다시 모여 "기도와 간구"를 계속했다. 이 첫 교회에 가입하는 사람들에게, 함께 모일 때마다 "기도"를 즉, 교회의 공적 기도를 꾸준히 계속하라고 권면했다. 거기에 때때로, 하나님의 임재하심이 두드러지게 나타나기도 했다. 모든 사도들이 말씀을 전하는 것뿐만 아니라 공적 기도에도, 지속적으로 전념했다(행 1:14, 2:42, 4:31, 6:4). 베드로가 감옥에 갇혔을 때 교회는 쉬지 않고 계속 기도하였고 현저하게 응답을 받았다(행 12:5). 고린도 교회에서 공적 기도는 신성한 예배의 일부였다. 바울이 기도하는 남녀들에게 즉, 공적 예배에 참석하는 남녀들에게 남자들은 머리에 아무것도 쓰지 말고 여자들은 머리에 쓰도록 지시한 것은 다름 아닌 기도에 관련한 교훈이다(고전 11:4-5).

또 바울이 자신의 공적 기도 습관에 관해 언급하면서, "나는 성령으로 기도하겠다"고 말한다(고전 14:15-19). 교회들에게 기도의 의무를 준수하라고 한 지시와 훈계들은 그 교회들을 단지 개인들로만이 아니라, 예배로 모인 집합체 및 공동체로 간주하고 있다(엡 6:18, 빌 4:6, 골 4:2, 살전 5:17). 그리고 사도 바울이 일차적으로 염두에 둔 것은 공적 기도였다(딤전 2:1-2, 8). 이것은 복음시대의 전조였다(말

1:11). 이 관례는 기독교 시대의 초창기에 확립되었고, 각 교파교회에서 여전히 계속되고 있다. 순교자 저스틴에 따르면, 성경을 읽고 설교한 다음에 다 같이 일어나 기도를 드렸으며 만찬을 나눈 뒤에 그 교회의 장長 혹은 목사가 능력에 따라 기도와 감사를 드리고 전교인들이 "아멘"을 크게 외쳤다.[5] 터툴리안도 같은 취지의 말을 남겼다.

> 우리는 회중 속에서 함께 하나님께로 나아간다. 말하자면, 우리의 기도하는 손으로 하나님을 둘러싸는 것이다. 이 힘은 하나님께 감사를 나타내는 것이다. 또한 우리는 황제들과 장관들을 위해서도 기도한다.[6]

오리겐Origen, 키푸리안Cyprian 등의 사람들과 저스틴의 글로부터, 옛 사람들이 공적 기도를 할 때 "서 있었다"는 사실을 알 수 있다. 터툴리안이 "우리는 주일날에 금식하거나 무릎꿇고 예배드리는 것을 불법으로 간주한다"라고 말했다. 니케아 종교회의에서는, "무릎 꿇는 사람들이 있지만, 종교회의가 보기에는 서서 기도하는 것이

---

5 Apolog. 2. p. 98. ―[역자 주] 순교자 저스틴(A.D. 100-165년경)은 2세기 경에 특히, 안토니누스 황제가 통치할 무렵(138-161년)에 활동한 기독교 변증가로서 『제 1 변증서』, 『제 2 변증서』, 『트립포와 대화』(Dialogue with Trypho)를 남겼다. 이레네우스에 따르면, 『말시온 반박서』도 썼다고 하지만 전해지지 않는다.

6 Apologet. c. 39. ―[역자 주] 터툴리안, 본명은 퀸투스 셉티미누스 플러렌스 테르툴리아누스(Quintus Septiminus Florens Tertullianus, c. A.D. 160-c. 220)는 로마령 북아프리카 속주의 수도 카르타고에서 태어나 로마에서 수사학과 철학을 배웠다. 로마에서 법률가로 활동하다가 개종하여 최초로 라틴어로 신학을 전개하였고 키프리아누스, 아우구스티누스, 제롬 등에게 영향을 미쳤고, "라틴신학의 아버지"라고도 한다.

완전한 기도

옳다"고 규정했다.

　자, 비록 나의 주제는 공적 기도이지만 모든 기도가 그 대상, 기도의 내용과 태도, 기도로 구해야 할 사람들과 사물들에 있어서는 일치하기 때문에 지금까지 이렇게 논했다.

기도의 대상

기도의 대상은 생물체이든 무생물체이든 단순한 피조물이 아니다. 형상을 새긴 나무를 세워놓고 거기에 대고 기도하는 것은 가장 천박하게 어리석은 짓이다. 그것이 구원해 주지 못한다. 황금과 은으로 만든 우상에게 기도하는 것도 마찬가지이다. 그것은 사람의 손으로 만든 작품으로써, 말하거나 보지도 못하고 듣지도 못하며 숭배자들에게 전혀 도움이나 은총을 베풀지도 못한다. 죽은 성자들에게 기도하는 것도 마찬가지이다. 죽은 자들은 이 세상에서 벌어지는 인간사人間事에 관해서는 아무것도 모르기 때문이다. 죽은 성자들은 이런 문제에서는 전혀 도움을 주지 못한다. 자신들의 후손들이 존귀해져도 그 사실을 모른다. 그들의 후손들이 비천해져도 그들은 그 사실을 알아채지 못한다. 아브라함도 자기 후손들에 관해 모른다. 이스라엘도 자기 후손에 관해 모르고 있다.

어떤 성자를 의존하거나 그들에게 기도해봐야 헛일이다. 천사들에 대해서도 마찬가지이다. 천사들은 사람들로부터 예배와 그 예배의 상당부분을 차지하는 기도를 받지 않았다. 야곱이 기도로 만

완전한 기도

난 천사는 피조물이 아닌 천사였다(창 48:16). 오직 하나님만이 기도의 대상이며 당연히 그래야 한다. 다윗이 "나는 내 생명의 하나님께 기도하겠다"라고 말했다(시 42:8). 다윗의 "내 생명의 하나님"은 모든 자에게 생명과 호흡을 주시는 분이며 모든 영혼을 살아 있도록 붙들어주시는 분이다. 모든 영혼은 하나님 안에서 살고 움직이며 존재한다. 하나님은 자비의 아버지이며 모든 은혜의 하나님이시다. 오직 이 하나님만이 세상에 자비와 영적 축복을 베풀어주실 수 있다. 선하고 완벽한 모든 은사는 이 하나님으로부터 나온다. 오직 이 하나님만이 사람들을 아시고 사람들의 필요를 아신다. 오직 이 하나님만이 사람들을 도우시고 구원하실 수 있다. 오직 이 하나님만이 전적으로 충분하여 그 자신을 위해서는 아무것도 필요치 않고 모든 피조물을 위해 충분히 갖고 계신다.

이 하나님은 가까운데 계신 하나님이신 동시에 멀리 계신 하나님이시다. 자기를 부르는 모든 사람들에게 가까이 계시고 필요할 때 그 자리에 함께 계시는 도움이시다. 그는 모든 사람들에게 선하시며 그의 온유한 자비는 그의 모든 행사를 뛰어넘는다. 그는 은혜롭고 자비로우시며 선과 진리가 풍성하시다. 이 모든 것들로 인하여 하나님을 기도의 고유한 대상으로 삼고, 따라서 하나님을 이와 같이 찬양하게 되고 사람들에게 모든 기도를 하나님께 드리라고 장려하는 것이다.

삼위일체 하나님 즉, 성부·성자·성령이시면서도 한 분이신 참 하나님이 기도의 고유한 대상이다. 세 위격 가운데 어느 한 위격을 향해 기도하는 것은 합법적이다. 다른 두 위격을 배제한 한 위격에게 기도하는 것이 아니라면 말이다. 때때로 성부에게만, 성자와 성령으로부터 구별하여 기도하기도 한다.

너희가 아버지께 기도하면…(벧전 1:17).

삼위일체 중에 구별되는 신격으로서의 아버지께 기도할 수도 있다. 이에 관한 사례가 에베소서 1:16-17, 3:14-16에 있다. 제2위격인 아들에게 모든 곳의 모든 성도들이 기도한다(행 9:14, 고전 1:2). 오직 성자에게만 기도할 때도 있다. 스데반이 죽을 때 "주 예수여! 내 영혼을 받으소서"라고 하였고(행 7:59), 사도 요한이 재림을 기다리며 "바로 그렇습니다. 오소서! 주 예수여!"라고 간구했다(계 22:20). 때로는 성부와 성자 두 분에게 기도하기도 했다. "은혜와 평강"을 간구할 때처럼, 거의 모든 서신에서처럼 "하나님 우리 아버지와 주 예수 그리스도로부터"라고 할 때도 있다(롬 1:7). 그리고 아들을 아버지보다 앞에 둘 때도 있고 아버지를 앞에 둘 때도 있다. 이것은 두 위격의 동등성을 보여준다(살전 3:11, 살후 2:16). 제 3위격인 성령 역시, 아버지와 아들로부터 구별되어 혼자서 기도를 받으시기도 한다(살후 3:5). 그리고 은혜의 축복을 세 위격 모두에게 간구한다(고후 3:14, 계 1:4-5).

기도는 대개의 경우, 삼위일체 하나님의 제 1 위격에게 드린다. 아버지로서의 품성을 가지고 있기 때문에 그렇다. 그래서 그리스도께서는 제자들에게 "하늘에 계신 우리 아버지…"라고 기도하라고 가르치셨다. 창조주이시며 영들의 아버지요 그들 존재를 지으

완전한 기도

신 자이시기 때문이다. 이사야 시대의 교회도 그렇게 했다(사 64:8). 또한 그리스도의 아버지이며, 그리스도 안에서 우리의 아버지이시다. 따라서 제 1 위격에게 기도드리는 경우가 많은 것이다(고후 1:3, 엡 1:3). 비록 성부가 다른 두 위격의 어느 한 분과도 동등하시지만 대개 그분에게 기도드리게 되는 이유는, 신적 본성상의 우선성 때문이 아니라 순서상 앞서기 때문이다. 또한, 다른 두 위격이 기도에 관련한 직무가 있지만 아버지에게는 없기 때문이다.

그리스도는 하나님과 사람 사이의 중보자이고, 우리는 그리스도 우리의 중보자에 의해 하나님께 나아가며 우리의 기도를 하나님께 드린다. 다른 어떤 방법으로도 하나님께 나아갈 수 없다. 하나님은 소멸하는 불이시다. 정의의 화염검이 하나님과 죄인들 사이에 서 있다. 그리스도 이외에는 하나님과 사람 사이에 끼어들어 양쪽에 손을 댈 인간 중재자란 존재하지 않는다. 그리스도에 의하지 않고는, 어떤 인간도 성부께 나올 수 없다. 그리스도가 자신의 육신의 장막을 통과하여 그리고, 지성소에 들어갈 담력을 주는 자신의 고귀한 피를 통해 하나님께 나아가는 길을 마련하셨다. 그리스도를 통해 한 분 성령에 의해 아버지께 나아간다. 그리스도는 아버지께 나아가는 길인 동시에 하나님께 받아들여질 길이다. 그리스도에 의해 우리는 기도와 찬양의 제사를 드리며, 그리스도의 중재라는 향기를 통해 하나님께 받아들여질 수 있게 된다.

기도하라는 격려는, 일차적으로 그리스도가 주신 것이다. 은혜의 축복을 달라고 은혜의 보좌에 드리는 탄원은 그리스도의 인격, 피, 의, 희생, 중재에 근거한다. 그리스도가 아버지께 우리의 변론

자가 되어주시며 우리의 죄를 위한 속죄죄물이 되심으로부터, 우리에게 이와 같은 위대한 대제사장이 있음으로부터, 우리의 탄원이 하늘로 올라가 하나님의 집에 들어가는 것이다. 은혜의 보좌로 담대히 나아가라고, 참 마음으로 그리고 믿음의 충만한 확신으로 가까이 가라고 우리의 기운을 북돋아준다(요일 2:1-2, 히 4:14-16, 10:21-22). 우리가 그리스도의 이름으로 구하는 것은 무엇이든지 아버지가 우리에게 주실 것을, 그리스도 자신이 "그것을 시행하실" 것을 믿으라고 북돋아준다. 이것은 그가 성부와 동등한 분임을 보여주며, 성부가 행하는 것을 행할 수 있는 동등한 능력을 가지고 있음을 보여준다(요 14:13-14, 16:23-24).

성령도 기도에 큰 관련이 있다. 성령은 기도의 저자인 동시에 말단이기도 하다. 성령은 "은혜와 간구의 영"이며 이것을 마음속에 조성하신다. 그러므로 "안에서 역사하는 성령"이라고 부른다. 그는 사람 안에 거룩한 호흡과, 영적인 것들을 추구하는 거룩한 열망을 창조한다. 그렇다. 사람들의 입에 말을 넣어주시고, 지니고 다니라고 명령하신다. 성령은 사람들의 마음에 자신들이 부족한 것들에 대한 느낌을 새겨넣어주고, 하나님께 탄원할 능력을 집어넣어주신다. 사람들이 무엇을 간구해야할지, 어떻게 간구해야 할지 모를 때 그들의 연약한 것들을 도와주시고, 하나님의 뜻에 따라 사람들을 위해 중재하신다. 사람들이 꼼짝 못하고 앞으로 나아가지 못할 때 자유를 주신다. 성령이 있는 곳에 자유가 있다.

성령은 양자의 영으로서, 사람들이 하나님의 자녀라고 그들의 영에게 증거하고 그들이 아버지이신 하나님께 나아가 아바 아버지

완전한 기도

라고 외칠 수 있도록 만들어 준다. 성령은 믿음의 영으로서, 믿음으로 열렬히 기도하라고 그들의 용기를 북돋아준다. 이스라엘이 아말렉과 전투를 벌이는 동안 이스라엘을 위해 기도한 모세는, 영적 원수들과 충돌할 때 기도하는 성도들을 예표했다. 모세 아래에 두어 기도하는 동안에 걸터앉아 있도록 한 돌은, 에벤에셀 즉, 곤고한 때에 도움이 되는 돌인 그리스도를 상징했다. 아론과 훌이 좌우에서 모세의 손이 하늘을 향하고 있도록 붙들어주었다. 말을 잘 하는 아론은 자기 백성들을 위한 변론가요 대변인이신 그리스도의 예표였다. 그의 중재에 의해 백성들은 기도에 격려를 받았고 후원을 받았다. 훌은 자유를 의미하는 이름이며 "자유의 영"인 성령을 가리킬 수 있다. 따라서 은혜의 발휘와 의무 이행에서 성도들을 붙들어주고 후원해 준다. 이제 다음으로 넘어가자.

3장

기도의 구성부분

빌립보서 4:6에서 바울은 네 단어를 사용하여 표현한다. 이 네 단어
가 대개 기도의 뚜렷한 형식을 나타낸다고 여겨진다. "구하는 것"
혹은 간구라는 일반적인 명칭 하에서 "기도, 그리고 감사함으로 아
뢰는 것"으로 파악된다. 또한 디모데전서 2:1에서는 그 단어를 대
신하여 약간씩 차이를 두고 "탄원, 기도, 중보, 감사"[7] 이 네 단어를
사용한다. 하지만 바울이 동일하며 한 가지인 것을 그것이 가지고
있는 각각의 측면에 따라 네 개의 단어로 나타낸 것일 수도 있다.
그러나 만일 이 네 단어의 의미가 다르고 그래서 네 종류의 기도가
존재한다면, 이에 대한 오리겐의 설명이 어느 것 못지않게 좋을 것
이다. 즉, "탄원"은 우리가 필요로 하는 것을 구하는 것이고, "기
도"는 큰 위기에 처할 때 더욱 큰 것들 즉, 그 위기로부터의 구원을

---

7   이 네 단어는 유대인들이 기도에 관해 사용한 네 단어 즉, תחנה, תפלה, בקשה, ברכה에 상
응하는 것일 수도 있다. *Vitringam de Synagog.* vet. par. 2, 50:3. c. 13. p. 1025. & c. 19.
p. 1103를 보라. ―[역자 주] 이 네 가지는 영어성경에서는 KJV, NIV 모두 "supplication,
prayer, intercession, giving of thanks"인데 개역한글 성경에서는 각각 "간구, 기도와 도고,
감사"로 번역되어 있다.

완전한 기도

구하는 것이고, "중보"는 하나님께 구하는 것을 받는다는 더욱 큰 확신으로, 더욱 큰 자유와 친숙함과 믿음으로 표현되는 것이며, "감사"는 하나님으로부터 좋은 것들을 기도로 받았음을 인정하는 것이다. 그러나 좀 더 나아가자. 기도의 각 구성부분을 보다 상세하게 고찰해보자. 기도의 형태를 규정할 생각이 없다. 기도의 내용과 방법에 초점을 두겠다.

1. 기도에는 하나님의 완전하심에 대한 찬양이 있어야 한다.

이것으로 시작하는 것이 타당하다. 우리의 기도를 드리는 하나님의 이름을, 우리 하나님의 위대하심을 선포해야 한다. 하나님의 본성을 표현하고 하나님이 피조물인 우리, 새로운 피조물인 우리와 맺고 있는 관계를 나타내는 이름 및 명칭으로 시작해야 한다. 하나님의 완전하신 것들 가운데 하나 혹은 그 이상을 언급해야 한다. 그렇게 하면, 하나님에 대한 경외심을 일으키고, 우리의 애정을 하나님께 기울이고, 하나님에 대한 우리의 믿음과 확신을 굳세게 하고, 하나님이 들으시고 응답하신다는 우리의 기대를 불러일으키고, 하나님의 순수하심, 거룩하심, 의로우심, 전지전능하심, 편재하심, 불변하심, 신실하심, 사랑과 은혜와 자비에 대한 우리의 기대를 불러일으키는데 기여할 수 있다.

2. 기도에는 우리의 무가치함과 죄악성에 대한 즉, 우리 자체로는 하찮고 부끄러운 존재라는 인정이 있어야 한다.

우리 본성의 부패와 오염을, 따라서 하나님의 존전으로 나아

가 하나님의 발등상 앞에서 예배를 드릴 자격이 전혀 없음을 지
각_{知覺}하며 순수하고 거룩한 하나님 앞으로 나아가야 한다. 우리가
하나님께 나아가 아뢸 때 아브라함처럼, 우리는 "먼지와 재"에 불
과하며 덧없고 죽을 수밖에 없는 피조물일 뿐만 아니라 죄악되고
불결한 존재임을 인정해야 한다. 또한 야곱과 한 목소리로, 우리는
우리에게 베푸신 그 모든 자비에 대해 조금이라도 자격이 없으며
하나님으로부터 어떤 은총도 받을 자격이 없다고 인정해야 한다.
그러므로 "우리의 의로움" 때문이 아니라 "하나님의 위대한 자비"
때문에 우리의 탄원을 하나님께 올려라.

3. 기도에는 죄, 우리 본성의 죄, 원죄, 안에 거하는 죄, 우리의
삶과 행위의 죄, 우리의 생각과 말과 행위 속에서 매일 하나님의 법
을 어기는 죄에 대한 고백이 있어야 한다.

이것은, 모든 시대의 성도들이 항상 실천한 것이었다. 다윗, 다
니엘 등과 같은 사람들이 그랬다(시 32:5, 51:3-5). 요한일서 1:9도
그렇게 하라고 북돋는다.

4. 기도에는 우리의 죄악들이 마땅히 받아야 할 모든 악한 것들
로부터 구원해 달라는 탄원이 있어야 한다.

그래서 우리 주님께서는 제자들에게, "우리를 모든 악으로부터
구원해"달라는 기도를 하도록 가르치셨다. 종종, 성도들이 자신의
죄악과 다른 사람들의 죄악을 용서해달라고 기도할 때, 즉, 하나님
이 어떤 종류이든지 현재의 곤경으로부터 자신들을 구원해 주시고,

완전한 기도

자신들을 무겁게 짓누르며 고통을 가하는 하나님의 손을 치워주시고, 자신들을 위협하는 그런 악한 것들을 막아주시어 그 악들이 자신들에게 미치지 못하도록 막아주시기를 기도할 때, 이런 의미였던 것 같다. 모세, 욥, 솔로몬 등이 드린 간구 가운데 많은 것들을 그렇게 이해할 수 있다(출 32:32, 민 14:19-20, 욥 7:21, 왕상 8:30, 34, 36, 39, 50).

5. 기도에는 필수적인 선한 것들을 즉, 우리 육신을 유지하는 데 중요한 현세적인 자비들, 생명의 위로와 지지와 보존을 구하는 간구가 있어야 한다.

그래서 우리 주님께서 우리에게, "오늘 우리에게 우리의 일용할 양식을 주십시오"라고 기도하라고 가르치셨다. 이런 관점에서, 아굴의 기도가 매우 지혜로운 기도이며 따라할 만한 기도이다(잠 30:7-9). 영적 축복들을 구하는 기도를 해야 한다. 하나님이 언약 속에 정해놓으셨고, 그 모든 언약이 확실하여 하나님이 약속하신 것을 성취하실지라도 우리는 기도해야 한다. 우리가 하나님의 뜻대로 구하는 것은 어떤 것이든 받게 될 것이라는 확신을 가져야 하지만, 반드시 그것들을 구하는 기도를 해야만 한다. 하나님은 자신이 약속하신 것 그리고 자신이 행하실 것을, "그것을 이스라엘 족속이 자기들을 위해 행해주시길" 하나님께 구하라고 하신다(겔 36:37).

6. 기도에는 언제나 감사가 동반되어야 한다.
감사는 언제나 기도의 일부분이 되어야 한다. 언제나 기도로 구해야 할 자비가 있는 것처럼, 감사해야 할 자비가 언제나 있기 때문이다(엡 6:18, 빌 4:6).

7. 기도를 마칠 때 송영送迎 즉, 하나님께 영광을 돌리는 것이 타당하다.

이것에 관한 사례는 많다. 마태복음 6:13, 에베소서 3:21, 디모데전서 1:17, 유다서 1:24-25, 계시록 1:5-6은 그 가운데 일부이다. 이 성경구절 가운데 어느 것을 살펴보든지 알 수 있는 것은 하나님에 대한 찬양, 하나님에 대한 우리의 감사, 하나님에 대한 우리의 의존, 우리가 기도로 구하는 것들을 하나님이 주신다는 기대를 표현하고 있다는 점이다. 기도 전체를 "아멘"이라는 말로 끝맺어도 좋다. 이 단어는 우리가 구한 것에 대한 우리의 동의, 우리가 구한 것이 성취되기를 바라는 우리의 소원과 바램, 우리가 구한 것을 하나님의 뜻에 따라 받게 된다는 우리의 충분하고 확고한 확신과 믿음을 나타낸다.

완전한 기도

누구를 위해
기도해야 하는가?

마귀들은 아니다. 하나님은 마귀들을 소중하게 여기지 않으셨고, 마귀들에게 구세주를 제공하지 않으셨기 때문이다. 하나님은 마귀들에게는 어떤 자비도 약속하지 않으셨다. 그래서 어떤 누구에게도 마귀들을 위해 기도하라고 요구해서는 안 된다. 사람을 위해서 기도해야 한다. 죽은 자들도 아니고 오직 살아 있는 자들을 위해서 기도해야 한다. 죽음 이후에는 심판이 있기 때문이다. 죽음 이후에는, 인간의 최종상태가 필연적으로 확정되었기 때문이다. 어떤 상태에서 다른 상태로 넘어간다는 것은 결코 있을 수 없다. 이미 죽음에 이른 죄, 용서받을 수 없는 죄를 지은 자들을 위해 기도해서도 안 된다(요일 5:16). 하지만 죄 중에 죽어 있는 자들 즉, 아직 회심하지 않은 죄인들을 위해서는 기도하자(롬 10:1). 회심하지 않은 친구 및 친지들, 아직 본성적 상태에 있는 우리 자녀들을 위해서 기도하자. 아브라함이 이스마엘을 위해서 기도하였던 것처럼 말이다. 특히, 우리 주님께서 기도하신 것처럼, 하나님의 택함을 받은 자들의 회심을 위해 믿음으로 기도하자(요 17:20). 어떤 국가, 어떤 교파에

속해 있든, 어떤 환경에 처해 있든 상관없이 모든 성도들을 위해 기도하는 것은 필수적인 의무이다.

그러므로 우리는 "우리 아버지"요 저희들의 아버지이신 하나님, 우리 모두의 아버지이신 하나님께 기도해야 한다. 하나님의 자녀들 즉, 주 예수를 사랑하며 하나님의 형상을 지닌 자들을 위해, 하나님의 이름에 의해 기도하자. 그의 이름으로 부르자. 특히, 복음 전하는 자들이 말씀을 선포해야 할 때 담대함과 신실함으로 선포할 수 있도록 그들을 위해 기도하자. 그들이 전한 주의 말씀이 거침없이 퍼져나가 영광을 입고 축복을 받아 회심과 위로와 교화를 이룩할 수 있도록, 주님께서 다른 일꾼들을 세워 자신의 포도원으로 파송하시기를 기도하자. 그렇다. 우리는 "모든 사람을 위해," "모든 종류의 사람들을 위해," "왕들과 모든 권세가들을 위해," 모든 관리를 위해 기도해야 한다. 악을 행하는 자들에게는 두려움의 대상이 되고 잘하는 자들을 칭찬하는 자들이 되도록, 왕과 여왕이 아버지들과 어머니들을 하나님의 교회와 백성들에게 맡기는 시대가 속히 오게 해 달라고 기도해야 한다. 우리가 살고 있는 도시 혹은 국가의 주민들의 평화와 행복을 위해 기도해야 한다. 그들이 평화로울 때 우리도 평화를 누리기 때문이다. 그렇다. 우리는, 우리를 심술궂게 다루고 박해하는 우리의 원수들을 위해 기도해야 한다. 이것은, 그리스도께서 우리에게 명령하신 것이고 우리에게 모범을 세워주신 것이다(마 5:44, 눅 23:44). 또한 스데반도 자기를 돌로 치는 자들을 위해 기도했다(행 7:60).

완전한 기도

기도를 수행하는 태도에
주의를 기울일 가치가 있다

1. 반드시 성령"과 함께" 혹은 성령 "안에서" 기도해야 한다.

바울은 고린도전서 14:15에서 "나는 성령과 함께 기도하겠다"라고 말한다. 이 진술은 다음 두 가지 의미 가운데 하나이다. 이것은 바울과 다른 사람들이 가진 특별한 은사 중에서도 다른 사람들이 알아들을 수 있을 때에만 사용하기로 결심한 방언의 은사를 가리킨다. 만일 바울의 이 진술이 이런 의미가 아니라면, 성령의 일반적인 은사로써, 기도할 때 꼭 필요한 성령의 은혜, 영향력, 도우심을 가리킨다. 이것은 사도 유다가 "성령 안에서 기도하는"이라고, 바울이 "성령 안에서 탄원하고"라는 말로 가리킨 바로 그것이다(유 1:20, 엡 6:18). 성령이 기도 안에서 맺고 있는 관계, 기도에 성령의 은혜와 도우심이 필요함, 기도의 유용성은 이미 확인했다. 그러나 여기에서, 사람들은 기도할 필요가 없고 단지 사람들이 성령을 받을 때와 성령의 영향력 하에 있을 때에만 기도해야 한다는 결론이 도출되는 것은 아니다.

기도는 모든 사람에게 구속력이 있는 자연적 의무이다. 영적인 사람들 이외에는 어떤 누구도 영적인 방법으로 기도할 수 없지만 모든 사람들이 기도할 수 있는 능력이 있으며 또한 기도해야할 의무가 있다. 그러나 영적인 사람들조차도 항상 성령의 은혜로운 영향력 하에 있는 것은 아니다. 그러한 영향력이 부족해질 때 이것을 구하는 기도를 해야 한다. "하늘에 계신 우리 아버지는 자기에게 구하는 자들에게 성령을 주실 것이다." 사람들이 하나님의 얼굴 광채 없이, 하나님의 은혜의 교통함과 성령의 영향력이 없이, 어둠과 곤궁 속에 있을 때 그만큼 더 기도가 필요하고 더욱 부단하게 기도해야 한다(시 130:1, 욘 2:2-4, 7).

2. "또한 이해함으로" 기도해야 한다(고전 14:15).

다시 말하면, 기도의 대상 즉, 그리스도 안에 계신 하나님에 대한 이해를 가지고 기도해야 한다. 만일 그렇게 하지 않으면, 자신들이 알지 못하는 것, 알지 못하는 신神에게 기도하고 예배드리는 셈이다. 하나님과 사람 사이의 유일한 중보자 그리스도에게 나아가는 방법에 대한 이해를 가지고 기도해야 한다. 구해야 할 것들에 대한 영적 이해를 가지고 즉, 성령이 빛을 비춰준 자신들의 이해를 가지고 기도해야 한다. 마땅히 무엇을 위해, 어떻게 기도해야 하는지를 가르치는 이는 성령이다. 사람들이 하나님의 뜻에 따라 무엇을 구해야 할지를 아는 이는 성령이다. 그들이 원하는 간구를 하나님에게서 받는다는 것을 아는 이도 성령이다.

3. 반드시 믿음으로 기도해야 한다. 믿음이 없이는 기도를 하든

완전한 기도

아니면 다른 어떤 의무를 이행하든 하나님을 기쁘시게 해드릴 수 없다. 우리가 구하는 것을 믿음으로 구해야 하며 전혀 "흔들림 없이" 구해야 한다. "믿음의 기도"야 말로 효과적이다. 우리 주님께서 우리에게, "너희가 믿음으로 기도하여 구한 것은 무엇이든지 받을 것이다"라고 다짐하셨다(마 21:22).

4. 영적 뜨거움이 기도에 필수적이다.

우리는 영적으로 뜨거워야 하며, 모든 의무를 행함으로 "주님을 섬겨야 한다." 이런 기도를 통해서도 그렇다. 의인의 효과적이고 뜨거운 기도는 효력이 크다(약 5:16). 기도는 분향에 비견된다. 성령의 불, 사랑의 불꽃에 의해 불이 붙으면 분향처럼 향긋하게 타오른다. 교회는 베드로를 위해, 이처럼 솔직하고 뜨거우며 끈질긴 기도를 쉬지 않고 드렸다. 솔직하고 강렬하며 뜨거운 기도의 모범사례를 우리 주님에게서 찾을 수 있다. 우리 주님께서는 "심한 통곡"과 눈물로 기도하고 간구하였으며, 깊은 고뇌 속에서 더욱 간절하게 기도했다(눅 22:44, 히 5:7).

5. 하나님께 솔직하게 기도해야 한다.

기도는 "꾸며낸 입술로부터" 나와서는 안 되고 마음에서 나와야 한다. 사람은 참 마음으로 하나님께 가까이 다가가서 진실로 하나님을 불러야 한다. 즉, 영혼의 솔직함으로 기도해야 한다. 하나님께 마음으로 부르짖지 않는 기도는 침대 위에서 우는 것과 다를 바 없기 때문이다(호 7:14).

6. 항상 하나님의 뜻에 굴복하여 기도해야 한다.

우리 주님께서 간절히 기도하실 때 이런 태도였다. 그래서 우리가 은총을 베풀어주시기를 원하거나 어떤 고통을 제거해 주시기를 원할 때, "주의 뜻을 이루십시오"라고 말해야 마땅하다.

7. 근면하고 깨어있는 태도로 기도해야 한다.

행하여도 좋은 적절한 기회가 올 때까지, 필요한 적당하고 알맞은 시기가 올 때까지 모든 인내로써 기도에 깨어있는 태도여야 한다(엡 6:18). 하나님이 가까이 오실 때까지 기도로 깨어 있어야 한다. "감사함으로" 기도에 깨어있어 성령의 도움심을 구해야 한다(골 4:2). 마음을 두 손으로 높이 들어올리고, 마음이 그 속에서 방황하지 않고 유혹에 빠지지 않기를 기도해야 한다. 마음을 찾고, 마음에 주어진 응답을 찾고, 마음의 돌이킴을 찾아 깨어 있어야 한다. 다윗이 "내가 아침에 주께 기도드리고 기다리고 있겠습니다"라고 말한다(시 5:3). 또 다른 곳에서 "주께서 말씀하실 것을 내가 듣겠습니다"라고 말한다(시 85:8).

완전한 기도

기도의 때와 지속시간

"항상" 기도해야 한다. "모든 기도로 항상 기도하라"고 가르친다(엡 6:18). 그러므로 "계속해서 기도하라," "끊임없이 기도하라"(골 4:2, 살전 5:17)고 훈계한다. 그러나 사람은 항상 무릎 꿇고 있을 수 없으며 공식적으로 기도하고 있을 수 없다. 생활 속에서 받은 소명에 속하고 따라서 주의를 기울여야 하는 의무들도 많기 때문이다. 그리고 기도 이외에도 소홀히 하면 안 되는 종교적 의무들도 있다. 세속적인 이유에서든 종교적인 이유에서든 어떤 의무가 다른 의무를 방해해서는 안 된다. 하지만 항상 기도하는 틀을 갖추는 것이, 모든 경우에 기도할 준비를 하고 있는 마음가짐으로 있는 것이 바람직하다. 매일 기도가 필요하고 일상사가 기도를 요청하기 때문에 매일 그런 자세를 갖추고 있어야 한다. 우리 육신을 먹일 양식이 매일 필요하다. 속사람도 매일 새롭게 될 필요가 있다. 유혹도 매일 있다. 우리의 원수, 사탄은 으르렁거리는 사자처럼 집어삼킬 자를 찾아서 계속 돌아다닌다. 그러므로 우리는 유혹에 빠지지 않도록 매일 기도해야 한다.

위의 훈계들은 기도를 헛되고 무익한 것이라고 판단하여 전혀 기도하지 않는 그런 자들을(욥 21:15) 혹은, 욥에게 잘못 제기된 혐의이지만 기도를 하다가 그만둔 자들을(욥 15:4) 향한 것이다. 혹은, 즉각적인 응답을 받지 못하여서 기도를 중단하고 있는 자들을 때리는 훈계이다. 우리 주님께서는 이런 목적을 위해, "항상 기도해야 하며 낙망치 말아야 한다"라고 말씀하셨다(눅 18:1). 계속 기도해야 하고, 자신들의 기도에 즉각적인 응답이 없다고 해서 기가 꺾여서는 안 된다는 말씀이셨다. 또한 주님께서는 불의한 재판관에게 끈질기게 졸라댄 과부의 성공을 사례로 제시하신다(눅 18:1-5). 곤궁에 처할 때만 기도하는 사람들도 있다. 물론 이런 때에는 기도해야 옳다(약 5:13, 시 50:15). 그러나 이런 사람은 정말 은혜 없는 사람들이며, 하나님으로부터 멀리 떨어진 상태에 있으며 소원疏遠한 관계에 있는 사람들이며, 육적인 교수들과 부주의한 영혼들이 하는 짓이다(사 26:16, 호 5:15).

유대인들은 하루 중에 기도시간을 따로 정해 놓았었다. 다니엘은 하루에 세 번 기도했다. 다윗의 시편을 보면 그 시간이, "저녁, 아침, 정오"라는 것을 알 수 있다(시 55:17). 마이모니데스Maimonides[8]에 따르면, 아침기도는 해 뜰 무렵부터 하루의 세 번째 부분인 제

---

8 [역자 주] 본명은 모세스 벤 마이문(Moses ben Maimun, 1135-1204)이며 아랍 이름은 아부 임란 무사 이븐 마이문 이븐 우마이드 알라이며 에스파냐 코르도바 태생의 유대인이다. 이븐 루슈드로와 함께 중세 최대의 학자로 꼽힌다. 기독교와 유대교에 대한 박해를 피해 방랑하다가 1165년부터 이집트 카이로에 정착했다. 생계를 위해 의료업에 종사하다가 사리프알딘과 그의 아들의 시의(侍醫)가 되었다. 카이로의 유대인들을 이끌었고 이슬람의 아리스토텔레스 철학과 유대신학을 중재하려고 했다. 그의 사상은 알베르투스 마그누스와 토마스 아퀴나스, 엑크하르트, 쿠사누스 등에게 영향을 미쳤다.

완전한 기도

4시(즉, 10시)까지 였다(행 2:15을 보라). 정오기도는 제 6시(즉, 12시)였다. 베드로는 이 시간에 지붕에 올라가 기도했다(행 10:9). 저녁기도는 제 9시(즉, 오후 3시), 저녁 제사 무렵이었다. 이 기도 시간에 베드로와 요한은 성전에 올라가 기도했다. 고넬료가 기도한 시간도 이 시간이었다(행 3:1). 초대교회 시대의 그리스도인들 사이에 이것이 관례가 되었다. 제롬은 제 3시, 제 6시, 제 9시에 기도하는 것이 교회의 전통이라고 언급한다. 아주 칭찬할 만한 관행이다. 이 시간에 다른 합법적인 활동에서 벗어나 휴식을 취했다.

당시에는 정확한 시간에 기도를 꼼꼼하게 엄수하는 것에 역점을 두지 않았으며, 하나님이 받으시는 조건으로 삼지도 않았다. 이런 식으로 하면, 행위언약으로 되돌아가도록 만들 것이며 우리 영혼을 올무에 빠뜨리고 속박의 멍에에 얽혀들게 될 것이다. 알렉산드리아의 클레멘스가 주장한 것은 주목할 가치가 있다. 클레멘스에 따르면, 기도 시간을 제 3시, 제 6시, 제 9시로 정해놓은 사람들이 있다. 그러나 영지주의자들은 (하나님과 신성한 것들에 관한 참된 지식을 부여받은 사람들인데) 전 생애에 걸쳐 기도한다. 전 생애가 거룩한 집회, 신성한 축제이다. 그렇다. 이교도 철학자 소크라테스에 관한 이야기도 그리스도인을 부끄럽게 만든다. 소크라테스의 생애는 기도로 가득 차 있다. 이상으로부터 우리가 알게 된 사실은, 최소한 단 하루도 기도 없이 넘어가서는 안 된다는 것이다. 다음 논의로 넘어가자.

7장

기도에 대한 격려와
기도의 유익

성도들은 기도하라는 격려를 다음과 같은 것들로부터 받을 수 있을
것이다.

1. 삼위일체 하나님이 기도 속에서 맺고 있는 관련성으로부터.

이점은 이미 앞에서 언급했다. 모든 은혜의 하나님이신 성부 하
나님이 은혜의 보좌에 좌정하시고 은혜의 홀을 내밀어 사람이 하나
님께로 나올 수 있도록 초청하신다. 그리하여 사람들이 하나님에게
서 은혜와 자비를 입어 사람들이 곤궁할 때에 도움이 되도록 하신
다. 그리스도는 유일한 중보자이다. 그리스도를 통해, 사람들은 하
나님께로 나아가 하나님의 음성을 들으며 하나님께 받아들여진다.
그리스도는 성부께 사람들을 대변하여 탄원하고 중재하신다. 그리
스도는 사람들을 하나님에게로 이끌고, 하나님 곁에 있는 천사의
신분으로 사람들의 기도를 하나님께 전하며 자신의 풍성한 향취로
아름답게 한다. 성령은 은혜와 간구의 영이다. 사람들에게 은혜를
공급하며, 사람들이 하나님께 탄원하는 것을 도와준다. 사람들은

성령에 의해, 그리스도를 통해 아버지 하나님께로 나아간다.

2. 성도들이, 기도의 대상인 하나님 안에서 맺고 있는 관계로부터.

성도들은 이런 관계로부터 기도하라는 격려를 받는다. 하나님은 양자로 받아들여주시는 은혜에 의해 성도들의 아버지가 되신다. 하나님의 마음은 사랑하심과 불쌍히 여기심과 측은히 여기심으로 가득 찬다. 하나님의 마음이 성도들을 향하고, 하나님의 눈이 성도들에게 향하고 하나님의 귀는 성도들의 부르짖음을 향하여 열려 있다. 하나님은 성도들의 언약의 하나님이며 아버지이시다. 따라서 성도들에게 언약적 축복들을 공급하시고 성도들이 기도에 의해 자기에게 요청하자마자 나눠주실 채비를 하신다(빌 4:19).

3. 하나님이 섭리 가운데 성령에 의해 기도하도록 부르심과, 기도를 즐거워하심으로부터.

성도들은 기도를 수행할 때 격려를 얻을 수 있다(시 27:8). 하나님은 자기 백성들의 얼굴을 보고 그 기도 소리에 귀 기울이기를 즐거워하신다(잠 15:8, 시 102:17).

4. 기도하는 영혼들에게 많은 것을 약속하신 것에서부터.

곤란으로부터의 구원과 같은 것들을 약속하셨다(시 50:15, 91:15). 그들의 용기를 북돋아주기 위해, "구하라. 그러면 내가 주겠다"라고 말씀하신다(마 7:7). 그렇다. 하나님은 야곱 자손에게 결코, "너희는 나를 헛되이 찾으라"라고 말씀하시지 않으셨다(사 45:19).

5. 모든 시대의 하나님 백성들이 받은 기도응답으로부터.

하나님의 모든 백성들이 자신들을 위한 것이든 다른 사람들을 위한 것이든 기도응답을 받은 경험은 기도의 의무를 실행하도록 크게 활력을 불어넣어준다. 다윗이 이것을 경험하였고 다른 사람들의 경우에도 그렇다는 것을 목격했다(시 40:1, 34:6). 이것은 단지 단일한 한 개인의 경우가 아니라, 과거의 그리고 모든 시대의 선한 사람들의 경우였다(시 22:4-5).

6. "성도들이 하나님께로 가까이 가는 것이 좋다."

이것은 성도의 의무이기 때문에 선한 것일 뿐만 아니라, 거기에서 하나님의 임재를 경험하고 성도들의 영혼이 하나님께로 이끌려질 때 그것은 유쾌한 선善이다. 하나님이 그것을 하나의 규례로 정하실 때, 성령의 은혜가 살아나고 마음의 부패가 억제되고 성도들을 하나님과의 더욱 가까운 교통함과 교제로 이끌어주기 때문에, 성도들에게 유익을 주는 선善이다. 기도하는 영혼은 가족과 교회와 이웃과 국가에 유익을 줄 수 있다. 기도가 없는 자들은 자신들에게나 타인들에게 쓸모없고 아무것도 얻지 못한다. 믿음이 그리스도인 속에서 맺는 모든 열매 중에서 기도 즉, 그리스도를 통해 하나님의 이름을 부르는 것이 주된 열매이다.

완전한 기도

3부

바울의 기도

아더 핑크
(Arthur Pink, 1886~1952)

Arthur W. Pink

John Bunyan

John Gill

서문: 바울의 기도

우리는 "가족 기도"라는 이름으로 부르기를 훨씬 좋아하지만 사람들이 대개 "주기도문"이라고 부르는 기도와 요한복음 17장에 있는 그리스도의 대제사장적 기도를 다룬 글은 많았다. 그러나 사도들의 기도에 관한 글은 별로 없었다. 이 주제를 집중적으로 다룬 책을 개인적으로는 본 적이 없다. 에베소서 1장과 3장에 나오는 두 개의 기도를 다룬 조그만 책자를 본 것이 거의 전부라고 할 수 있다. 이렇게 된 까닭을 설명하기란 쉽지 않은 일이다. 사도들의 기도들은 우리에게 몹시 중요하고 가치가 있어서 경건을 주제로 글을 쓴 사람들의 관심을 끌만했기 때문이다. 구약성경에 나오는 기도들은 이 시대의 성도들에겐 진부하고 부적절하다는 관념을 우리에게 심어 주려는 자들의 노력을 우리는 몹시 반대한다. 오히려 명백한 사실은, 사도들의 서신서들에 기록된 기도들은 그리스도인들에게 각별히 적절하다. 우리 구세주의 기도를 제외하고 오직 서신서들에 있는 기도들만 살펴보면, 그 기도들은 특히 "성부 하나님"께 드리는 찬양과 탄원임을 알 수 있다. 오직 이 기도들에서만 중보자의 이름으로 기도를 드렸고, 오직 이 기도들에서만 양자의 영의 충분한 숨결들이 발견된다.

오랜 세월을 하나님과 동행하며 친밀한 교제를 나누고 자기 마음을 경배와 기원 속에 하나님 앞에 쏟아 부은 늙은 성도에게 귀를 기울이는 것은 정말 축복된 일이다! 하물며 그리스도께서 이 세상 장막에 거하시던 시기에 직접 그리스도와 교분을 나눈 사람들의 말에 귀를 기울일 수가 있었다면 우리는 정말이지 훨씬 더 축복된 일이라고 여겼을 것이다. 사도들 중에 한 사람이 여전히 여기 이 땅 위에 머물러 있다면, 기도에 몰입한 그 사도의 목소리를 듣는 것은 정말로 고귀한 특권이었을 것이다! 이런 은총을 입기 위해서라면, 우리 가운데 대부분이 상당한 불편을 감수하며 멀리까지라도 기꺼이 찾아가서 귀를 기울일 만한 그런 특권이지 않은가! 우리의 바램이 이루어진다면, 그 사도의 말에 정말 열심히 귀를 들이댈 것이고, 기억 속에 소중히 간직하려고 정말 근면하게 노력할 것이다. 그런데, 이런 불편함, 이런 여행은 전혀 필요치 않다. 성령께서는, 우리를 가르치고 충족시켜 주기 위해서 매우 많은 수의 사도적 기도들을 기록해 두시기를 기뻐하셨다. 우리는 이런 축복을 올바로 이해하고 있다는 증거를 내놓고 있는가? 사도들의 기도를 목록으로 작성해 본적이 있는가? 그 기도들이 가지고 있는 의미를 묵상해 본적이 있는가?

1. 사도행전에는 사도들의 기도가 전혀 없다

성경에 기록된 사도들의 기도들을 개관하고 윤곽을 잡는 우리의 예비작업을 통해서 두 가지 사실이 인상에 남았다. 하나는 몹시 놀라운 것이고 다른 하나는 예상된 것이었다. 우리에게 뜻밖의 일로 여겨질 만한 –우리의 일부 독자들은 깜짝 놀랄 수도 있는– 것은 사도들에 관한 대부분의 정보를 제공해 주는 책인 사도행전은 28개 장 전체를 통해 사도들의 기도가 단 한 편도 없다는 점이다. 하지만 조금만 생각해 보아도, 이 생략은 사도행전의 특별한 성경과 완벽하게 조화를 이룬다는 사실을 발견할 수 있을 것이다. 사도행전은 경건서적이라기 보다는 역사책이다. 즉, 성령이 사도들 **속에서** 이룩한 것보다는 사도들을 **통해** 이룩한 것에 대한 연대기를 훨씬 더 많이 담고 있다. 사도행전에서는, 그리스도를 대리하는 사절들의 개인적인 활동보다는 그들의 공적 행위들이 훨씬 더 두드러진다. 정말이지 사도행전은 그들이 기도의 사람임을 입증해준다. 사도행전 6:4을 보자.

> 우리는 기도하는 것과 말씀 전하는 것을 전무하리라(행 6:4).

우리는 그들이 이 거룩한 활동에 열중하는 모습을 거듭해서 목도한다(행 9:40, 10:9, 20:36, 28:8). 그러나 이 사도들이 어떤 말을 했는지를 우리에게 전해주지 않는다. 가장 가까이 접근한 것이 사도행전 8:15인데 거기에도 사도들의 언설(言說)이 기록되어 있지 않다. 우리는 사도행전 1:24의 기도를 120 문도의 기도로, 사도행전 4:24-30의 기도를 "사도들이 연합해서 드린 기도"로 간주한다.

완전한 기도

2. 바울은 기도에 탁월한 사람이었다

우리의 주제를 깊이 고찰할 때 우리에게 깊은 인상을 준 두 번째 사실은, 사도들의 기록된 기도들 가운데 거의 대부분이 바울의 가슴에서 나왔다는 점이다. 앞에서 언급한 것처럼 이것은 실제로 우리가 예상하였던 일이다. 어째서 그러냐고 묻고 싶은가? 몇 가지로 대답해 줄 수 있다. 바울은 이방인의 사도로 두각을 나타냈다. 베드로, 야고보, 요한은 주로 유대계 신자들을 향해 사역했다(갈 2:9). 유대인들은 개종하기 이전에도 하나님 앞에 무릎을 꿇도록 습관이 들어 있었다. 그러나 이방인들은 이방종교에서 건너왔다. 그래서 바울이 그들의 영적 아버지가 경건의 모범이 되어주는 것이 적절했다. 더욱이 바울은 나머지 다른 사도들의 글을 모두 합한 것의 두 배에 이르는 서신을 썼다. 그럼에도 불구하고 다른 모든 사도들에 비해 8배나 많은 기도를 남겼다. 그러나 먼저 우리의 기억을 더듬어 보자. 바울이 개종한 뒤에 바울에 관한 최초의 언급이 "봐라, 저가 기도한다"라는 것이었다(행 9:11). 그것은 마치 그 이후 삶의 기조를 즉, 바울이 특별한 정도로까지 기도의 사람으로 두각을 나타낼 것임을 나타내는 것 같다.

나머지 다른 사도들에게는 이런 정신이 없었던 것은 아니었다. 하나님은 기도하지 않는 사역자들을 사용하지 않으신다. 하나님은 말 못하는 자녀를 두지 않기 때문이다. "밤이고 낮이고 하나님께 부르짖는" 것은, 하나님의 택함을 입은 자들의 특색 가운데 하나로 주어진 것이다(눅 18:7). 하지만 어떤 종들과 어떤 성도들에게는 (사도

요한을 제외하고는) 다른 누구보다도 하나님과 더욱 친밀하고 더욱 지속적인 교제를 누리도록 허락해주셨다. 분명히, 언젠가 낙원에 이끌려 들어갔던 사람의 사례가 이런 경우였다. 특별한 정도의 "은혜와 간구"를 그에게 허락해주셔서, 그에게는 현격한 정도로까지 동료들을 능가하여 거하는 기도의 영을 부여받았던 것 같다(슥 12:10). 그리스도와 그리스도의 신비한 몸을 이루는 지체들을 향한 그의 사랑은, 그들의 영적 건강과 성장을 위한 그의 맹렬한 열심은 그들을 위해 하나님께 드리는 기도와 그들로 인한 감사의 물줄기가 그의 영혼으로부터 지속적으로 솟구쳐 올라올 정도였다. 방금 언급한 말을 실증해 주는 많은 것들이, 용솟음치는 헌신이 바울의 교리적 및 실제적 교훈들의 한 가운데서 펼쳐보여준 그 모범들이 우리 앞에 등장할 것이다.

3. 기도는 포괄적이다

앞으로 더 나아가기 전에 반드시 지적해야 하는 것은, 일련의 이 연구에서는 바울의 탄원적 기도에 한정하기보다는 훨씬 폭넓게 다룰 작정이라는 점이다. 성경에서 "기도"는 우리에게 필요한 것들을 하나님께 알려드리는 것 그이상의 것을 포함한다. 그리고 이 사실은, 피상성과 무지의 이 시대를 살아가는 하나님의 백성들이 염두에 둘 필요가 있고 배워둘 필요가 있는 것이다. 우리에게 필요한 것들을 하나님 앞에 펼칠 특권을 나타내는 빌립보서의 말씀은 바로 이 점을 강조한다.

완전한 기도

아무 것도 염려하지 말고 오직 모든 일에 기도와 간구로 너희 구할 것을 감사함으로 하나님께 아뢰라(빌 4:6).

이미 받은 자비에 대한 감사를 표현하지 않는다면, 그리고 우리 아버지께 간구하는 지속적인 은총을 부어주시는 것에 대한 감사를 드리지 않는다면, 우리가 어떻게 하나님이 우리의 말에 귀를 기울이시기를 기대할 수 있으며 평화의 응답을 받기를 기대할 수 있겠는가! 그러나 최고의 가장 충분한 의미에서 볼 때 기도는, 부어주신 은사들에 대한 감사를 뛰어넘는 것이다. 주시는 이 그분을 깊이 생각하면서 우리 마음을 끌어내어 그 영혼을 하나님 앞에 경배와 찬양으로 엎드리게 하는 것이다.

우리의 직접적인 주제로부터 벗어나서 기도에 관한 주제를 개괄적으로 다룰 필요는 없지만 반드시 지적해야 하는 것은, 위에서 언급된 측면들보다 우선권을 부여해야 할 측면이 아직 하나 더 남아 있다는 것이다. 즉, 우리의 무가치함과 죄악 됨에 대한 자기혐오와 고백이라는 측면이다. 우리가 가까이 다가가고 있는 그분이 누구인지를 즉, 천사들조차 그분 앞에 설 때에는 얼굴을 가리는(사 6:2) 지극히 높으신 하나님이심을 영혼은 엄숙하게 명심하지 않으면 안 된다. 비록 그리스도인은 하나님의 은혜에 의해 "자녀"가 되었지만 여전히 피조물이다. 하나님보다 상상할 수 없을 만큼 무한히 낮은 그런 존재이다. 그러므로 그리스도인은 이 사실을 깊이 느낄 뿐만 아니라 하나님 앞에서 흙바닥에 자리잡고 앉음으로써 이 사실을 인정해야 마땅하다. 더욱이, 우리는 우리의 신분을 즉, 피조물인 동시에 (우리 자체를 고려해 볼 때) 죄악된 피조물임을 기억할 필요가 있다.

따라서 우리가 거룩하신 자 앞에 허리를 굽힐 때 이 점을 느끼고 인정할 필요가 있다. 오직 이렇게 할 때에만, 우리가 앞으로 나아갈 근거인 그리스도의 중보와 공로를 의미 있고 실제적으로 간구할 수 있다.

따라서 폭넓게 말하자면 기도는 죄에 대한 고백과 우리의 필요를 채워달라는 간구 그리고 주시는 하나님께 우리 마음으로 표하는 경외를 포함한다. 혹은, 기도의 일차적인 세목은 낮아짐, 간청, 찬양이라고 말할 수도 있다. 그러므로 에베소서 1:16-19, 3:14-21과 같은 구절뿐만 아니라 고린도 후서 1:3, 에베소서 1:3과 같은 구절들을 우리 주제의 범위에 포함시키고자 한다. 시편 100:4의 "그의 이름을 송축하라"라는 표현도 기도의 한 형태임을 분명히 보여준다.

> 감사함으로 그 문에 들어가며 찬송함으로 그 궁정에 들어가서 그에게 감사하며 그 이름을 송축할지어다(시 100:4).

참고구절들을 더 제시할 수 있지만 이것으로 만족하자. 성막과 성전에서 드린 향은 여러 가지 재료를 취합하여 만든 향료로 구성되어 있으며(출 30:34-35), 서로 혼합해서 그 향취를 매우 향기롭고 산뜻하게 했다. 그 향은 우리의 위대한 대제사장의 중재(계 8:3-4)와 성도의 기도(말 1:11)를 나타내는 모형이다. 우리가 은혜의 보좌 앞으로 나아갈 때 우리의 낮아짐, 간청, 찬양을 향료처럼 적정 비율로 섞어야 한다. 즉, 다른 것들을 빼놓고 하나만 들고 가는 것이 아니

완전한 기도

라 모두 잘 섞인 혼합물로 만들어야 한다.

4. 기도는 목회자의 의무이다

　신약성경 서신서에 기도가 매우 많다는 사실은 목회자의 본분이라는 중요한 측면에 주의를 환기시킨다. 설교자의 책무는 설교단을 내려올 때 충분히 이행된 것이 아니다. 설교자는 자신이 뿌린 씨앗에 물을 댈 필요가 있다. 젊은 설교자들을 위해 이 점을 조금 더 상세하게 설명해보자. 사도들이 기도하고 말씀을 전하는 일에 지속적으로 열심을 다 했다는 것을 앞에서 확인했다. 사도들의 뒤를 이어 이 거룩한 소명을 수행한 모든 사람들이 주목할 만한 탁월한 모범을 남겼다. 그 순서에 주목하라. 그리고 단지 관찰할 뿐만 아니라 주의를 기울이고 실천하라. 가장 공을 들이고 세심하게 준비한 설교일지라도, 하나님 앞에 영혼을 낳는 산고(産苦)로부터 나온 것이 아니라면 청중들을 감동시키지 못할 것이다. 그 설교가 열렬한 기도의 산물이 아니라면 그 설교를 듣는 사람들 속에 기도의 영을 일깨우기를 기대해서는 안 된다. 지금까지 지적한 것처럼, 바울은 탄원과 자신의 교훈을 섞었다. 우리가 설교단을 내려온 뒤에 은밀한 곳으로 물러가서 하나님께 우리의 설교를 들은 사람들의 마음에 하나님의 말씀을 써넣어 달라고, 저 원수가 그 씨앗을 빼앗아가지 못하게 막아달라고, 우리의 노력이 하나님의 영원한 찬양이라는 열매 맺도록 축복해 달라고 기도하는 것은 우리의 특권인 동시에 의무이다.

루터는 "탄원, 묵상, 환란, 이 세 가지가 성공적인 설교자로 만들어 준다"고 말하곤 했다. 이것은 루터의 제자 가운데 한 사람이 루터의 「탁상담화」(Table Talks)에 받아 적은 것이다. 우리는 이 위대한 종교개혁가가 얼마나 정교하게 진술하였는지는 모른다. 그러나 기도는 설교자에게 능력을 부여하고 거룩한 것들을 다루기에 알맞은 틀을 갖추게 하는데 반드시 필요하다는 뜻으로 게다가, 말씀 묵상은 메시지의 내용을 제공해주는 데 본질적이며, 환란은 설교자의 균형을 유지해 주는 균형추로써 필요하다는 뜻으로 말했을 것이라고 추정된다. 복음을 전하는 자에게는 항상 겸손하게 만들어주는 시련이 필요하다. 그래서 바울에게는 육신에 가시를 보내, 바울이 받은 계시의 풍성함으로 인해 부당하게 높아지지 않도록 하셨다. 기도는, 우리 백성들을 가르치기 위한 영적 교통을 받아들이는 지정된 수단이다. 우리는 하나님과 많은 것을 함께 한 뒤에야, 앞으로 나아가 하나님의 이름으로 말할 수 있는 존재가 된다. 바울이 골로새 교인들에게 그들의 목회자인 에바브라에 관해 상기시켜 준 말씀을 보자.

> 저가 항상 너희를 위해 애써 기도하여 너희로 하나님의 모든 뜻 가운데서 완전하고 확신있게 서기를 구하나니(골 4:12).

그대의 목회자에 관해 그대의 교회에 진실로 그렇게 말할 수 있을까?

완전한 기도

5. 기도는 신자의 의무이다

서신서들의 이러한 특색이 오직 설교자들만을 위한 교훈을 강조한다고 생각하지 말자. 이 서신서들의 수신자는 폭넓게, 하나님의 백성들이다. 거기에 기록된 모든 것들은 모든 백성의 기독교적 삶이 필요로 할 뿐만 아니라 그러한 삶에 어울리는 것이다. 신자들 역시, 자기 자신을 위해서뿐만 아니라 그리스도 안에 있는 자신의 형제자매들을 위해 기도를 많이 해야 한다. 특히 사도들의 이 모범들을 따라서, 그들이 일일이 열거하는 특정한 축복을 간구해야 한다.

우리의 동료 성도들을 우리의 믿음과 사랑의 팔로 안아서 하나님께 데려가는 것보다 그들에 대한 염려와 애정을 표현하는 훨씬 더 좋은 –훨씬 더 실제적이고 효과적인– 방법은 결코 존재하지 않는다는 것이 우리의 오랜 확신이다. 이 서신서들에 있는 기도를 연구하고 그것을 한 구절씩 심사숙고함으로써 우리가 훨씬 더 명쾌하게 배울 수 있는 것은, 우리 자신과 다른 사람들을 위해 어떤 축복들을 바래야 하는가, 어떤 영적 선물들과 은사들을 요청해야 하는가 이다. 성령에 의해 영감을 받은 이런 기도들은 저 거룩한 책에 영구적인 기록물로 남아 있다는 사실 자체가, 그 특별한 은총들을 하나님에게서 구하고 얻어야 한다는 것을 의미한다.

6. 신자들은 하나님을 아버지라고 부른다

사도적 기도들의 보다 명확한 특색 몇 가지에 주목함으로써, 이

예비적이고 개괄적인 관찰을 마무리하자. 이 기도의 수신자를 확인하라. 수신자에 대한 표현은 획일적이지 않고 적절하게 다양하다. 하지만 하나님을 수신자로 하는 가장 적절한 태도는 아버지라고 부르는 것이다. 즉, "자비의 아버지"(고후 1:3), "우리 주 예수 그리스도의 아버지 하나님"(엡 1:3, 벧전 1:3), "영광의 아버지"(엡 1:17), "우리 주 예수 그리스도의 아버지"(엡 3:14). 여기에서 우리는 사도들이 주님의 명령에 얼마나 주의를 기울였는지를 알 수 있다.

사도들이 주님께 "주여, 우리에게 기도를 가르쳐 주십시오"라고 요청하자 주님께서는 "너희가 기도할 때, 하늘에 계신 우리 아버지…"라고 대답해주셨고, 이것을 요한복음 17:1, 5, 11, 25에서 그들에게 모범으로 세워주셨다. 또한 우리를 가르치기 위해 기록해 두셨다. 얼마나 많은 사람이 불법적으로 가볍게 하나님을 "아버지"라고 불러왔는지 우리는 알고 있다. 그러나 그들의 남용은 우리가 이 축복된 관계를 단절해도 좋다고 보장해 주지 않는다. 마음을 따뜻하게 해주고 말을 자유롭게 하도록 하는 데에는, 우리는 지금 우리 "아버지" 앞으로 나아가고 있다는 깨달음 이상으로 알맞은 것은 없다. 만일 우리가 "양자의 영을" 받았다면(롬 8:15), 그 양자의 영을 침묵시키지 말자.

7. 사도들의 기도는 간결하다

다음으로, 사도들이 한 기도들의 간결성에 주목하자. 그들이 한 기도의 일부도 아니고, 심지어 대부분도 아니라 그들의 모든 기도

완전한 기도

가 대단히 간결하다. 거의 대부분 한 두 절로 구성되어 있고 가장 긴 기도가 단지 일곱 절로 되어 있다. 정말이지 이것은 많은 설교단에서 나온 길고 생명력이 없고 따분한 기도를 꾸짖는다. 말이 많은 기도는 대개 수다스러운 기도이다. 마틴 루터의 말을 다시 인용하겠다. 이번에는 평신도들을 위한 주기도문 강론에서 언급한 말이다.

기도할 때 말을 적게 하십시오. 그러나 그대의 생각이나 감정은 많이, 무엇보다도 마음에서 우러나오도록 해야 합니다. 말이 적을수록 기도는 좋아집니다…외적이며 육신적인 기도는 입술의 나불거림이며, 무심코 지껄여대고 사람들의 귓전을 때리는 헛소리입니다. 그러나 영과 진리로 하는 기도는, 마음의 깊은 곳으로부터 나오는 내적 갈망, 동작, 탄식입니다. 전자는 위선자들과 자신을 신뢰하는 자들의 기도입니다. 후자는 하나님을 경외하며 행하는, 하나님의 자녀들의 기도입니다.

사도들이 한 기도들의 명확성에도 주목하라. 대단히 간략하지만 매우 명쾌하다. 모호하게 산만한 말도 아니고 단순한 일반화도 아니라, 분명한 것들을 달라는 세세한 요청들이었다. 우리는 이 지점에서 정말로 많이 실패한다. 말의 앞뒤가 맞지 않고 목표도 없으며 요점도 통일성도 부족하여서, 아멘이라고 말할 때가 되면 도대체 어떤 감사를 드렸는지 혹은 어떤 요청을 하였는지 하나도 기억나지 않는 기도가 정말 많다. 머릿속에 흐릿한 인상만 남기고, 그 탄원은 직접적인 기도라기보다는 일종의 간접적인 설교의 형태에 훨씬 더 치우쳤다는 느낌만 남기는 그런 기도가 정말 많다. 그러나 사도들의 기도 가운데 아무것이나 하나 골라내서 검토해봐라. 사도들의 기도는 마태복음 6:9-13과 요한복음 17장에 있는 구세주의 기도와 비슷했다는 사실이 한눈에 들어올 것이다. 즉, 명확한 경배와 날카롭게 정의된 간구로 구성되어 있다. 도덕을 강설하지도 않고 경건을 드러내는 상투적인 말투도 없다. 확실하게 필요한 것들을 하나님 앞에 펼쳐놓는 것, 그 필요를 채워달라는 단순한 요청이 들어있다.

이러한 기도들이 감당하는 수고를 생각하라. 사도들의 기도들에는, 하나님께 세속적 필요를 채워달라는 탄원도, (단 하나의 예외가 있지만) 자신들을 위해 섭리적인 길에 개입해 달라는 요청도 없다. 대신에, 요구되는 것들은 전부 영적이며 은혜로운 성격을 가진 것들이다. 그것은, 하나님을 아는 지식 안에서 이해와 계시의 영을 하나님이 우리에게 주시고, 하나님이 부르심의 소망이 무엇이며 성도 안에 있는 하나님의 유업의 영광이 풍성함을 그리고 우리를 향하신 하나님의 능력이 매우 위대함을 알 수 있도록 우리 이해의 눈을 밝혀주시도록 하기 위한 것이다(엡 1:17-19). 또한, 믿음에 의해 그리스도께서 우리 마음속에 거하도록 하기 위한 것이며, 우리가 지식을 뛰어넘는 그리스도의 사랑을 알게 되고 하나님에 관한 모든 지식으로 채워지도록 하기 위한 것이며(엡 3:16-19), 우리의 사랑이 더욱더 풍성해지도록 하기 위한 것이며, 우리가 거짓 없고 허물이 없으며 의의 열매로 가득 차도록 하기 위한 것이며(빌 1:9-11), 우리가 주님께 합당한 삶을 살아가 모든 일에서 주를 전적으로 기쁘게 하도록 하기 위한 것이며(골 1:10), 우리가 전적으로 거룩해지도록 하

완전한 기도

기 위한 것이다(살전 5:23).

사도들의 기도들이 갖는 공교회성에도 주목하라. 세속적 및 섭
리적 자비를 탄원하는 것이든 우리 자신을 위해 개인적으로 기도하
는 것이든 모두 다 나쁜 것도 비성경적인 것도 아니다. 오히려 우리
가 주목하고 있는 것은, 사도들이 모든 강조점을 어디에 두고 있는
가 하는 점이다. 바울이 자신을 위해 기도한 경우는 단 한 번뿐이고
특별한 개인들을 위한 것도 드문 일이다. 믿음의 권속 전체를 위해
기도하는 것이 바울의 일반적인 습관이었다. 여기에서 바울은 그
리스도께서 우리에게 가르쳐주신 기도의 전범(典範)을 엄밀하게 고
수했다. 그래서 우리는 주기도문을 "가족 기도"라고 간주하고자 한
다. 기도 중에 나타난 모든 대명사가 복수로 되어있다. 즉, "(단지 '내
가' 아니라) 우리에게 주십시오," "우리를 용서하십시오" 등으로 되
어있다. 따라서 바울이 우리에게 "모든 성도를 위해 탄원"하라고
훈계하는 모습을 발견한다(엡 6:18). 그리고 바로 이런 것에 대한 모
범을, 자신의 기도 속에서 우리에게 보여준다. 바울은 에베소 교회
를 위해 어떻게 구하였는지를 보자.

> 능히 모든 성도와 함께 지식에 넘치는 그리스도의 사랑을 알아 그 넓
> 이와 길이와 높이와 깊이가 어떠함을 깨달아…구하노라(엡 3:18–19).

정말이지 자아중심적인 것에 대한 교정책이지 않은가! 내가 "모
든 성도들을" 위해 기도하고 있다면 나 자신도 포함시키고 있는 것
이다.

8. 눈에 띄는 생략

마지막으로 논할 것은, 명확한 생략이다. 모든 사도적 기도들을 주의 깊게 읽어보면 그 어느 것에서도 아르미니우스주의자들의 기도에서 두드러지는 그런 것에는 일말의 지위도 부여하지 않는다는 사실을 발견하게 될 것이다. 세상을 구원해달라고 혹은 모든 육체 위에 성령을 부어달라고 하나님께 요구한 경우는 단 한 번도 없다. 사도들은 어떤 특정한 교회가 위치한 도시를 개종시켜 달라는 기도조차도 하지 않았다. 사도들은 이런 점에서도 그리스도께서 자신들에게 보여주신 모범을 따랐다. 그리스도는 "나는 저들을 위해 기도합니다. 나는 세상을 위해서가 아니라 아버지께서 제게 주신 자들을 위해 기도하고 있습니다. 저들은 아버지의 것입니다"라고 기도했다(요 17:9).

거기에서 주 예수께서 단지 자신의 직접적인 사도들 혹은 제자들만을 위해 기도하고 있는 것이라고 이의를 제기한다면, 이 이의에 대한 대답은, 주께서 자신의 기도를 그들 너머로 확장시킬 때 그것은 세상을 위한 것이 아니라 종말이 올 때까지 자신의 믿는 백성들만을 위한 것이었다는 것이다(요 17:20-21). 참으로, 바울은 모든 (계층의) 사람을 위해 즉, 왕들을 위해 그리고 권세 있는 모든 사람들을 위해 기도하라고 권고한다(딤전 2:1-2). 이 의무에 태만한 사람들이 많다. 재앙이 닥칠 일이다. 그러나 그 기도는 그들의 구원을 위해서가 아니다. 우리가 모든 경건과 정직함 속에서 고요하고 평화로운 삶을 살아가기 위해서이다. 사도들의 기도들로부터 많이 배우도록 하다.

완전한 기도

기도와 찬양

첫째는 내가 예수 그리스도로 말미암아 너희 모든 사람을 인하여 내 하나님께 감사함은 너희 믿음이 온 세상에 전파됨이로다 내가 그의 아들의 복음 안에서 내 심령으로 섬기는 하나님이 나의 증인이 되시거니와 항상 내 기도에 쉬지 않고 너희를 말하며 어떠하든지 이제 하나님의 뜻 안에서 너희에게로 나아갈 좋은 길 얻기를 구하노라 내가 너희 보기를 심히 원하는 것은 무슨 신령한 은사를 너희에게 나눠주어 너희를 견고케 하려함이니 이는 곧 내가 너희 가운데서 너희와 나의 믿음을 인하여 피차 안위함을 얻으려 함이라(롬 1:8-12).

바울의 기도에 관해서는 연대기적 순서가 아니라 오늘날 우리 성경에서 볼 수 있는 바울 서신서들의 순서에 따라 거론하겠다. 데살로니가 전 · 후서를 로마서보다 먼저 썼지만 로마서를 그 주제와 중요성 때문에 당연히 맨 앞에 둔 것처럼, 우리도 로마서에 기록된 바울의 기도에서 시작하겠다. 우리 앞에 놓인 구절들이 당시에 바울이 실제로 드린 특정한 기도를 기록한 것인지 아니면, 얼마나 바울이 은혜의 보좌 앞에서 그들을 늘 기억하고 있는지를 그들에게 알려주고 있는 것인지에 관해서는 의견이 엇갈린다. 하지만 그 의견 차이가 미미해서 어떤 견해를 택하든 실제로는 거의 차이가 없다. 개인적으로는 전자의 개념이 마음에 든다. 로마서는 필기자가 받아썼다(롬 16:22). 로마에 있는, 하나님의 사랑을 받는 모든 사람에게(롬 1:7) 전하는 말을 불러주어 받아쓰게 하다가 바울의 마음은, 하나님의 택함을 입은 자들이 바로 로마 제국의 수도에도, 황제의 가솔家率 중에도 있다(빌 4:22)는 사실에 즉각적으로 감사를 토로했다.

1. 로마에 있는 성도들을 향한 바울의 애정

바울의 입장은 다소 미묘했다. 로마의 성도들은 바울을 몰랐다. 그들은 틀림없이 처음에는 바울이 위험한 인물이라는 소문을 자주 들었을 것이다. 바울의 회심을 확인하고 이방인의 사도가 되었다는 사실을 알게 되었을 때에도 그들은 바울이 어째서 자신들을 방문하지 않았는지 특히, 로마 근처 고린도까지 왔었을 때조차도 어째서 자신들을 방문하지 않았는지 의아스럽게 생각하였을 것이다. 그래서 바울은 로마의 성도들에게 개인적으로 깊은 관심을 가지고 있음을 알렸다. 바울의 마음과 모든 기도에는 로마의 성도들이 계속해서 자리잡고 있었다. "너희 모두로 인해 예수 그리스도를 통해 나의 하나님께 감사드린다"는 바울의 말은 로마 성도들의 애정을 로마서를 쓴 사람에게로 끌어냈을 것이다! 바울이 로마 성도들에게 보낸 이 편지를 훨씬 더 따뜻한 관심을 가지고 읽도록 만들었을 것이다! 어떤 그리스도인이, 다른 그리스도인이 은혜의 보좌 앞에서 자기를 기억해준다는 사실을 알게 되는 것보다 더 사랑을 느끼게 하는 것은 없다. 최근에 받은 독자편지에, "나는 세상의 모든 부귀보다도 하나님이 사랑하시는 성도들의 기도를 훨씬 고귀하게 여깁니다. 전자는 저주를 입증할 뿐인데 반해, 후자는 가장 높은 곳에 있는 복에 도달하고 하나님의 거룩한 보좌 앞에서 나 자신을 훨씬 더 낮추게 합니다"라는 글귀가 있었다.

2. 롬 1:8 기도의 다섯 특징

먼저, 나는 너희 모두로 인해 예수 그리스도를 통해 나의 하나님께 감사드린다. 너희 믿음이 온 세상에 알려지고 있기 때문이다(롬 1:8).

여기에는 우리가 주목해야 할 것들이 다섯 가지가 있다.

(1) 바울은 감사와 간구를 융합했다

첫째, 바울이 기도하는 태도 혹은 방법. 맨 먼저 눈에 띄는 태도는 찬양의 태도이다. 이것을 매우 강조했다. "먼저, 나는 …나의 하나님께 감사드린다"는 말이 10절의 "간구"보다 앞에 나온다. 따라서 우리는 바울이 자신이 가르친 것 즉, "아무 것도 염려하지 말고 오직 모든 일에 기도와 간구로, 너희 구할 것을 감사함으로 하나님께 아뢰라"라는 가르침을 얼마나 복되게 실천하였는지를 알게 된다(빌 4:6). 감사는 우리의 기도에서 두드러진 위치를 차지해야 하는 것이다. 적어도 감사는 하나님께 드려야 마땅한 것이다. 어느 청교도의 표현을 빌리자면 "은총을 입었기에, 당연히 감사를 드려야 한다." 감사는 믿음을 강화强化하는 효과적인 방편이다. 감사는 마음을 훨씬 더 안정된 틀에 집어넣어 하나님께 더욱 은총을 내려달라고 간청하는 것이기 때문이다. 감사는 기독교적 삶을 향유하는 데에 보탬을 준다.

내가 너희를 생각할 때마다 나의 하나님께 감사하며 간구할 때마다 너희 무리를 위해 기쁨으로 항상 간구함은(빌 1:3-4).

어둠의 영을 심령 밖으로 몰아내는 데에는 감사와 찬양의 계발啓發보다 더 알맞은 것이 없다. 바로 그것은 우리의 동료 그리스도인들의 기운과 용기를 북돋아줄 것이다. 슬픔과 언짢음은 경건을 촉진하지 않는다.

위에서 든 예는 결코 예외적이지 않고 오히려 바울의 일상적 습관을 가리킨다. 바울이 감사와 간구를 얼마나 자주 융합하였는지를 관찰하는 것은 축복이다(비교, 고전 1:4, 엡 1:16, 골 1:3, 살전 1:2, 몬 4). 우리의 교훈을 위해 이러한 사례들을 기록해 두었다는 점을 명심하라. 이 지점에서의 실패는, 그토록 많은 우리의 기도가 응답 받지 못하는 까닭을 설명해 주지 않는가? 우리가 먼저 받은 자비들로 인하여 하나님의 선하심과 은혜를 획득하지 못했다면 감사치 않는 자들에게 계속해서 하나님이 자비를 부어주시기를 기대할 수 있을까? 찬양과 간구, 감사와 요청은 항상 결합되어 있어야 한다(골

완전한 기도

4:2). 그러나 여기, 바울의 기도에서는 이점을 훨씬 뛰어넘는 것-훨씬 고귀하고 훨씬 사심 없는 것-이 있다. 바울의 마음은, 하나님이 자기 백성들을 위해 행하신 놀라운 것들로 인해 하나님께 감사를 끌어낸다. 그리고 이것은 그가 그들을 위해 그 이상의 축복들을 구하도록 용기를 주었다.

(2) 기도의 대상인 하나님과의 관계; "나의 하나님"

둘째, 바울이 여기에서 "나의 하나님"이란 용어로 나타낸, 자신의 기도를 드린 분에 주목하라. 바울이 하나님을 어떤 존재로 생각하였는지를 확인하는 것은 정말 축복이다. 절대적으로 무한하게 멀리 떨어져 있는, 무관한 존재로 간주하지 않았다. 형식에 얽매임, 소원하다는 느낌, 불확실성은 결단코 없었다. 그 대신에, 바울에게 있어서 하나님은 살아 계시며 인격적인 실체 즉, "나의 하나님"이었다. 이것은 **언약적** 관계에 대한 공언이었다. 저 위대한 언약적 약속은 "나는 그들에게 하나님이 될 것이며 그들은 나에게 백성이 될 것이다"(히 8:10)라는 것이다. 이것은 예레미야 24:7, 31:33을 회고한다. 그 다음에는, 창세기 17:7과 출애굽기 6:7로 거슬러 올라가 뿌리를 내린다. 그것을 근거하여 모세와 이스라엘 백성들은 홍해 건너편에서 노래를 불렀다.

> 여호와는 나의 힘이요 노래시며 나의 구원이시로다 그는 나의 하나님이시니(출 15:2).

그 때문에 다윗이 "오, 하나님, 주는 나의 하나님이십니다"라고 외쳤다(시 63:1). 마찬가지로, 갈렙(수 14:8), 룻(1:16), 느헤미야(느 6:14), 다니엘(단 9:4, 19), 요나(욘 2:6)도 언약 관계를 공언하며 하나님을 "나의 하나님"이라고 고백했다.

"나의 하나님." 이것은 **개인적인** 관계를 나타내는 표현이다. 하나님은 영원한 선택에 의해 바울의 하나님이 되셨다. 영원한 사랑으로 바울을 사랑하셨다. 하나님은 구속에 의해 바울의 하나님이 되셨다. 보배로운 피로 값을 치르고 바울을 사셨다. 하나님은 중생케 하는 능력으로 바울의 하나님이 되셨다. 영원한 생명을 바울에게 전달해 주시고, 하나님의 형상을 바울의 가슴에 새기고, 바울을 명백하게 하나님의 사랑하는 자녀로 삼으셨다. 하나님이 바울을 개별적으로 골라내시어 바울의 하나님이 되셨다. 바울에게 그리고 바울 안에 하나님이 계시되었을 때 바울은 하나님의 권리에 굴복하며 "주께서 내게 무엇을 시키시렵니까?"라고 말했다. 바울이 하나님의 권리를 받아들인 뒤에 하나님은 자신의 본성을 바울에게 부어주심으로써 바울의 영원한 분깃, 모든 것을 채워주는 유업이 되어주셨다. **"나의 하나님"** 즉, 바울에게 이와 같은 절대주권적이고 탁월한 자비를 베풀어주신 분이다. 양자의 관계는 **확실**했다. 의심이나 망설임 혹은 불확실성은 전혀 없었다. 바울은 욥과 같이 말했다.

내가 주께 대하여 귀로 듣기만 하였삽더니 이제는 눈으로 주를 뵈옵나이다(욥 42:5).

게다가 양자의 관계는 **실제적인** 관계이다. 즉, "내가 섬기는 하나님…"이다(롬 1:9).

그 두 어구를 합치면, "나는…내 하나님께 감사 드린다"가 된다. 정말 어울리는 조합이다! 이런 하나님은 무한한 감사를 받으실 만한 분이지 않은가? 만일 내가 그분을 개인적으로 **나의** 하나님으로 안다면 내 가슴과 입술로부터 자발적으로 그런 말이 나오지 않겠는가? 틀림없이 그래야 하지 않겠는가? 이 두 어구의 결합은 "먼저, 나는 나의 하나님께 감사드린다"라는 첫 마디의 의미를 드러낼 뿐만 아니라 거기에 적절한 설득력을 실어준다. 즉, 첫 번째 순서로 열거되는 것이 아니라 강조로, 영적 순서로 그렇다는 말이 된다. 만일 다름 아닌 하나님이 나의 하나님이시라면, 순수하고 거룩하며 사랑스럽고 만족시켜 주는 모든 것이 나의 것이다. 저 영광된 사실, 무한히 위대한 진리가 끊임없는 묵상과 찬양의 주제라면, 나의 가슴은 냉담해지지 않을 것이다. 내가 은혜의 보좌로 가까이 다가갈 때 내 입술은 마비되지 않을 것이다. 내가 가까이 다가가는 그분은 절대적이고 관계가 없는 신이 아니라 "나의 하나님"이시다. 그리스도인은 하나님 앞에 무릎 꿇을 때 저 축복 받고 복된 관계를 합당하게 인정해야 한다. 그것은 주제넘은 말이 결코 아니다. 오히려 그것을 부정하는 것이 사악한 주제넘음이며 모욕적인 불신앙이다.

(3) 바울이 하나님께로 나아가는 근거; "예수 그리스도"

셋째, 바울이 하나님께로 나아가는 근거 즉, "**예수 그리스도를 통해**"에 주목하라. 이 어구로 인하여 저자 본인은 (만일 거듭났다면 독자도) 정말 감사드린다. 하나님이 "나의 하나님"일지라도 하나님은 여전히 말로 형언할 수 없을 정도로 거룩하신 분이시다. 내 자신이 오염되었으며 전적으로 무가치함을 인식하고 있는 내가 어떻게 무한한 순결에 다가갈 생각을 할 수 있을까? 아, 축복된 해답이 여기에 있다. 나의 필요를 채워줄 전적으로 충분한 공급이 여기에 있다. 나는 "예수 그리스도를 통해" 거룩한 삼위일체 하나님께 나아갈 수 있는 것이다. 그러나 나의 확신은 꺾일 수 있다고 가정하라. 나의 행함에서의 서글픈 실패 때문에 하나님이 "나의 하나님"이라는 의식적意識的 관계를 더 이상 누리지 못한다고 가정하라. 그때 내가 어떻게 하나님께 감사할 수 있는가? 거듭 말하지만, 그 대답은 "예수 그리스도를 통해서"이다. 히브리서에서 한 구절을 찾아보자.

> 이러므로 우리가 예수로 말미암아(앞 구절에 따르면, 그의 거룩케 하는 피의 공로와 효과 때문에) 항상 찬미의 제사를 하나님께 드리자 이는 그 이름을 증거하는 입술의 열매니라(히 13:15).

내 상황이 어떤 것이든지, 죄책감과 오염으로 아무리 짓눌려 있어도, 그 때문에 은혜의 보좌에서 멀리 떨어져 있어서는 안 된다. 그 때문에 예수 그리스도에 대해, 하나님이 예수 그리스도를 공급해주신 것에 대해 감사드리기를 그만두어서도 안 된다.

문법적으로, "예수로 말미암아"라는 말은 감사드리기와 연결되어 있다. 그러나 신학적으로 혹은 교리적으로는 이중적인 의도가 있다. 하나님은 예수 그리스도를 통해 "나의 하나님"이 되신다. 그래서 예수께서 요한복음에서 사랑하는 제자들에게 다음과 같이 선포하셨다.

> 내가 내 아버지 곧 너희 아버지, 내 하나님 곧 너희 하나님께로 올라간다(요 20:17).

그렇다. "**나의**" 하나님이기 때문에 "**너희**" 하나님이다. 나는 "예수 그리스도를 통해" 나의 하나님께 감사를 드린다. 그것은 거듭난 자들의 의무인 동시에 특권이다. 거듭난 자들은, "예수 그리스도로 말미암아 하나님이 기쁘게 받으실 신령한 제사를 드릴" 거룩한 제사장들이다(벧전 2:5).

하나님과 사람 사이의 유일한 중보자인 "예수 그리스도를 통해"서만 하나님께로 다가갈 수 있다. 우리의 예배는 오직 예수 그리스도의 공로를 통해서만 하나님께서 받으실 만한 것이 된다(골 3:17). 이 사실을 신자의 지속적인 묵상과 찬양의 주제로 삼지 않으면 안 된다. 이렇게 해야만, "나의 하나님"에 대한 축복된 확신이 마음속에 머물러 있을 것이기 때문이다. 예수 그리스도는 변치 않으신다. 예수 그리스도의 중재하심도 변치 않는다. 내가 하나님의 보좌 앞으로 나아갈 때에 나의 무가치함을 깨달음으로써 아무리 깊이 낙담할지라도 나는 예수 그리스도의 무한한 가치를 바라보며 믿음으로 깊이 생각할 것이다. 그때 나는 "나의 하나님께 감사"드릴 것이다.

"먼저, 나는…예수 그리스도로 말미암아 나의 하나님께 감사드린다." 지금은 작고한 핸들리 모울 Handley Moule 은 이 말씀에 관해 다음과 같이 아름다운 말을 남겼다.

"나의 하나님"…그것은 형언할 수 없는 유용성과 경건한 친밀성을 나타내는 표현이다…그것은 그리스도께서 스스로 자신의 은총으로 보좌를 버리신 인격을 나타내는 말이다…그리고 이 거룩한 친밀성은 감사와 간구 속에 있는 그 행함과 더불어 언제나 중보자 "예수 그리스도를 통해"서이다. 그 사람은 하나님이 "나의 하나님"이심을 알고 있고 따라서 하나님을 그렇게 대하고, 신자와 똑같이 하나이며 성부와도 똑같이 하나인 저 사랑 받는 아들 즉, 결코 이질적인 매개체가 아니라 살아 있는 연결점이신 성자의 바깥으로 나가지 않는다.

이 진리에 대한 영혼의 깨달음에 비례하여, 그에 관한 말씀의 선포들과 믿음이 혼합된 것에 비례하여, 우리가 그 보좌로 가까이 다가갈 때 해방과 자유 즉, 거룩한 담대함이 생겨날 것이다. 그리스도인은 오직 이렇게 함으로써만, 자녀됨의 권리를 누리게 되며 피 값으로 산 특권에 걸맞는 삶을 살게 될 것이다. 오직 이렇게 함으로써만, 이런 개인으로부터 나올 수밖에 없는 찬양과 감사에 의해 하나님은 존귀함을 받으실 것이다.

(4) 바울의 감사의 주제; "너희 모두로 인하여"

넷째, 바울이 "너희 모두로 인하여" 감사드린 주제들을 고찰해 보자. 이것은 자아에 푹 파묻혀 있는 자연인에게는 낯선 장면일 것이다. 육적 지성은, 영적인 사람들에게 활기를 부여해 주는 동기들과 규칙을 제공해 주는 원리들을 평가할 능력이 전혀 없다. 여기에

완전한 기도

서 사도 바울은 결코 만난 적이 없는 자들로 인하여 하나님께 감사들 드리고 있었다. 그들은 바울이 직접 수고하여 맺은 열매가 아니었지만 바울은 그들을 즐거워했다. 그것은 정말이지, 기독교를 좀 먹어왔던 편협한 독선과 당파주의적 배타성을 단죄한다.

비록 로마 성도들은 바울이 직접 복음 안에서 낳은 자녀가 아니었지만, 바울이 친히 만난 적이 없었고 우리가 아는 바에 따르면 그들로부터 일체의 서신과 연락이 없었을지라도, 바울은 그들로 인하여 하나님을 찬양했다. 그것은 하나님이 그들 중에 이룩하신 것 때문이었으며, 그들은 하나님이 심으신 나무들이며 하나님이 거두신 소출들이기 때문이었다(고전 3:9). 이 원리는 우리의 교훈으로 삼을 만하다. 만일 그대에게 "모든 성도"를 향한 사랑이 없다면, "모든 성도"를 위해 기도하지 않는다면 "나의 하나님"이라는 확신을 기대하지 말라(엡 6:18).

(5) 감사의 이유; "너희 믿음의 소문"

다섯째, 바울이 감사드린 직접적인 계기 즉, "너희 믿음이 온 세상에 알려지고 있기 때문이다"에 주목하라. 이 선한 소식은, 수도 로마에서 온 여행자들이 로마의 성도들은 주 예수를 겸손히 신뢰하고 애정어린 충성을 한다는 말로 널리 퍼뜨렸다. 바울의 발길이 닿는 곳마다 이 축복된 소식이 귀에 들렸다. 로마 성도들은 복음을 믿었을 뿐만 아니라 로마 성도들의 믿음은 모든 곳에서 언급될 정도의 특성을 지녔다. 그래서 로마 성도들 때문에 드린 바울의 감사는, 로마 성도들의 믿음은 하나님이 주신 것이라는 인식인 동시에 감사였다. 바울이 이 사실을 널리 알리는 것은, 자기만족을 끌어내기 위함이 아니라 로마 성도들을 일깨워 그들에게 부여된 증거에 호응하도록 하고 그럼으로써 일깨워진 기대에 부응하도록 하기 위함이었다. 다시 말해서, 바울이 하나님의 은혜가 다른 사람들에게서 성취한 것으로 인해 하나님을 찬양하는 그 축복된 모습에 우리의 주의를 기울여야 할 것이다. 정말이지 그 모습은 바울의 성품을 들여다볼 수 있게 해 준다. 정말이지 여기에서 형제들을 향한 사랑의 정신이 드러났다. 자신의 주를 향한 감사와 헌신이 드러났다. 멀리 떨어진 곳에서 성령의 열매에 관한 기별을 받았을 때의, 오늘날 그리스도의 종이 정말 귀감으로 삼을 만한 사례이지 않은가!

3. 개인적 적용

다음 구절로 넘어가기 전에, 우리 앞에 놓인 것을 우리 자신에게 적용하도록 노력해 보자. 이들 로마 성도들의 의심과 불신앙이 아니라 믿음에 관한 소문이 두루 퍼졌다. 우리 믿음은 다른 사람들에게 알려지고 대화의 주제가 되고 있는가? 우리의 믿음은 하나님께 대한 찬양과 감사를 불러일으키는가? 저들의 믿음은 형식적인 것도 생명력이 없는 것도 아닌, 활력이 넘치고 열매 있는 것이었으며 다른 사람들이 주목하지 않을 수 없는 믿음이었다. 저들의 성격과 품행을 변형시킨 믿음이었다. 성경구절에 담긴 것 이상의 것으로 과장하여 해석하면 안 되므로 로마서 16:19의 "너희 순종함이 모든 사람에게 들리는지라"라는 말씀을 직접 인용하겠다. 그 두 선

완전한 기도

언을 나란히 두어야 한다. 한 구절이 다른 구절을 설명해 주고 해석해 주기 때문이다. 만일 우리의 믿음이 다른 사람들이 주의를 기울일 만큼의 순종을 낳지 못한다면, 우리에게 심각한 잘못이 있다. 그래서 우리는 로마서 1:8에 있는 "믿음"이라는 단어를 성령의 은사들을 가리키는 일반적인 표현으로 간주한다. 그러나 이 특수한 용어를 사용한 것은 "구원에 이르게 하는 믿음"이 일차적으로 결여된 로마주의에 대한 선지자적 책망이었을 것이다!

> 내가 온 마음으로 하나님의 아들의 복음을 전파함으로써 섬기는 하나님은 항상 내 기도 속에서 너희를 얼마나 끊임없이 기억하고 있는지에 대한 나의 증인이시기 때문이다(롬 1:9).

"하나님은 나의 증인이시다." 이 구절을 시작하는 "왜냐하면"이라는 〔그러나 한글에서는 맨 뒤에 놓인 "때문이다"라는〕 말은, 이 그리스도인들이 바울의 마음을 얼마나 많이 차지하고 있는지를 저 위에 계신 하나님이 아셨다는 것을 가리킨다. 이것은 예배행위, 하나님의 전지하심에 대한 합당한 인정이었다. 그것은 마음을 살피시는 하나님께 대한 경건한 호소였다(고후 1:23, 갈 1:20).

"내가…섬기는 하나님." 바울은 하나님이 마음대로 처분할 수 있는 존재, 하나님의 명령에 복종하는 존재였다.

"온 마음으로." 탐욕 때문에 위선적으로도 형식적으로도 아니고, 바울의 존재 그 깊은 곳으로부터-기꺼이, 진심으로, 즐겁게-라는 뜻이다.

"하나님의 아들의 복음." 이것은 로마서 1:1의 "예수 그리스도의 종…하나님의 복음을 위해 구별된…"이라는 말씀과 짝을 이루는 어구이다.

"항상 내 기도 속에서 너희를 얼마나 끊임없이 기억하고 있는지"라는 부분은 바울의 성실성을 알려준다. 바울이 그들을 즐거워하고 그들을 위해 기도하는 것은 일시적인 돌발사건이 결코 아니고 지속적인 것이었다. 바울은 하나님을 자신의 "끊임없음"이 결코 과장이 아님을 증거해 줄 증인으로 요청했다. 비록 이 성도들은 번창하고 있었지만 여전히 기도를 필요로 했다.

우리는 성도들을 위해 기도해 주는 것에 의한 것보다 더 실제적이고 효과적인 방법으로 그들에게 우리의 사랑을 발휘하거나 더 큰 친절을 베풀지 못한다. 하지만 우리는 우리의 본문구절들을 그리스도인들이나 사역자들이 자신들이 기도하고 있다고 선전하고 다니라는 전범典範을 확립해 주고 있는 것이라고 간주하지 않는다. 우리의 경건을 과시하는 것은 일종의 바리새주의에 불과하다. 기도는 광고가 아니다. 그것은 하나님 앞에서 행하는 은밀한 활동이기 때문에 사람들이 모르게 하는 것을 규칙으로 삼아야 한다. 사실상, 예외는 존재한다. 신자들이 시련을 겪고 있거나 고립되어 있을 때 그들이 하나님의 보좌 앞에서 기억되고 있다는 사실을 아는 것이 위로가 된다. 바울이 자신이 기도하고 있다고 언급하는 것은 세 가지 이유가 있었다. 첫째, 자신이 그들을 한번도 방문하지 않은 것은(롬 1:13) 무관심하였기 때문이 아님을 알려주기 위한 것이다. 둘째, 그들에게 지속적으로 자신의 애정을 기울이고 있다는 확신을 주기 위

완전한 기도

한 것이다. 셋째, 그들을 향한 자신의 깊은 염려를 알려줌으로써 자신이 그들에게로 다가갈 길을 예비하기 위한 것이었다.

4. 바울은 로마 성도들을 만나고 싶어 했다

어떻게든 이제 마침내 나는 하나님의 뜻에 의해 너희에게 나아갈 순탄한 여행길을 얻을 수 있기를 간구한다(롬 1:10).

(1) 간절한 마음으로

로마 성도들을 향한 바울의 사랑은 바울이 그들을 만나고 싶어 하는 간절한 마음을 품도록 만들었다. 그래서 바울은 하나님이 이것을 가능하게 해 주시기를 기도했다. 그러나 우리는 바울이 이 문제를 자신이 장악하고 내적 충동에 입각하여 행동하기를 거절했다는 점에 주목해야 마땅하다. 오히려 바울은 자신의 갈망과 충동을, 자신이 섬기는 하나님의 뜻에 복속시켰다. 이것은 매우 인상적이며 축복된 처신이다. 바울은 많은 사람들이 "성령의 격려"라고 간주하고 싶어 하는 것이 충분한 보증이라고 생각하지 않았다. 그는 이 여행을 자신의 주께서 명령했다는 사실을 주의 섭리에 의해 먼저 확신해야만 했다. 따라서 그는 자신의 문제를 하나님 앞에 펼쳤고, 하나님의 결정과 즐거움에 맡겼다. 또한, 주장 따위는 없었으며 하물며 요구도 없었고 단지 겸손하며 복종적인 요청-"가능하다면" 혹은 "그럴 수 있다면"-의 태도였다는 사실에도 주목하라. 이것은 하나님이 모든 사건을 정하시는 분임을 인정하는 것이었다(롬 11:36).

(2) 하나님의 허락을 기다렸다

"이제 마침내"라는 어구는, 바울은 그 여행 및 방문 시기에 관해 몹시 신경을 썼다는 것을 보여준다.

천하에 범사가 기한이 있고 모든 목적이 이룰 때가 있나니(전 3:1).

이 사실에 주목하는 것은 실제적으로 대단히 중요하다. 그것은 우리가 수행하는 일들에서의 성공과 실패 사이의 차이를 의미하기 때문이다. 우리가 주님 안에서 "안식하며 인내로써 그를 기다리지" 않는다면(시 37:7), 오직 혼란과 고통만이 뒤따를 것이다. "순탄한 여행길"은 "바울이 오랫동안 가슴에 품어온, 로마를 방문하겠다는 생각을 실행에 옮길 수 있을 정도로 그의 환경이 우호적으로 정리되어야 한다"는 뜻이라는 찰스 핫지Charles Hodge의 의견에 우리는 동조한다. 잠시 후, 이 서신을 끝내기도 전에 바울은 자신의 간구를 허락하신다는 거룩한 확신을 받았다(롬 15:28-29). 이 사실에 주목하는 것은 복된 일이다. 그 여행 자체는 사도행전 27장과 28장에 서술되어 있다. 바울은 매우 힘들고 위험한 항해 끝에, 사슬에 묶인 죄수의 신분으로 로마에 도착했다! 바울에게 허용된 자유의 정도에 관해서는 사도행전 28:30-31을 보라.

(3) 방문 목적

너희에게 영적 은사를 나눠주어 너희가 강건해지도록 하기 위해…

완전한 기도

너희 만나기를 간절히 원한다(롬 1:11).

이 구절은 바울의 기도의 일부가 아니지만 밀접하게 연결되어 있는 것이다. 이것은 바울이 그런 요청을 하도록 만든 것 즉, 바울이 로마 성도들을 그토록 만나고 싶어 한 까닭을 밝혀준다. 바울의 갈망은, 빌립보서 2:26 및 디모데후서 1:4과 비교해 보면 영적인 애정이 담겨 있다(이 세 군데 성경구절에서 모두 동일한 헬라어 단어가 나타난다). "간절히 원한다"라는 단어는 바울이 로마 성도들을 만나고자 하는 갈망이 얼마나 강렬한지를, 바울이 하나님의 뜻에 굴복함이 얼마나 실제적이고 추천할 만한 것이지를 말해준다. 그의 불타는 열정에는 대리代理 목자의 심정이 있다. 하지만 그와 동시에 최고 목자에 대한 바울의 축복된 복종도 확인할 수 있다. 바울은 유람여행을 추구하지 않았다. 자기 사역의 다양화를 추구하지도 않았다. 자신이 로마 성도들에게 하나의 축복이 되기를 구했다. 바울은 비록 로마 성도들의 믿음을 좋게 언급해 주었지만 그들의 기초를 확립해 주고, 굳건하게 해 주고, 자리잡게 해 주기를 원했다(벧전 5:10). 바울의 목적은, 유일한 그 길[즉, 그리스도]을 그들에게 더욱 완벽하게 해설해 주는 것이며, 그들에게 영적 광명과 즐거움을 더해주는 것, 그리스도의 헤아릴 수 없이 풍성함을 그들에게 더욱 충분히 열어주는 것이었다.

목회자들이여! 죄인들이 회개하는 장면에서 만족하지 말라. 그들이 성숙하고 기초가 굳건해지기를 추구하라.

즉, 너희와 내가 서로의 믿음에 의해 피차 격려하기 위해… (롬 1:12).

이것은 그들을 불쾌하게 만들지 않기 위한 즉, 바울이 그들의 미숙함에 대해 깊이 생각하고 있다는 느낌을 그들이 갖지 않도록 하기 위한 말이다. 핸들리 모울의 진술을 읽어보자.

우리는 이 문장을 재치가 넘치는 문장이라고 해야 할까? 아니면, 아름답게 달래 주며 애정이 넘치는 문장이라고 해야할까? 그렇다. 그러나 이 문장은 또한 완벽하게 진심 어린 문장이기도 하다. 분명히, 참된 재치는 공감적 사랑의 기교임에도 불구하고 그 사상 속에는 진실함이 있다. 그 사상은 즐거움을 주고 승리를 주려고 하기 때문이다. 그는 자기 제자들의 형제애를 가진 친구로서 자신을 나타내기를 기뻐한다. 그러나 그때 그는 먼저 이와 같은 사람이 되었고 그 성품을 누리고 있으며, 자기 자신의 영혼이 주님을 위한 증언에 의해 즉, 훨씬 은사가 적은 신자들이 내놓는 증거에 의해 즐거워하게 되고 굳건해지게 되기를 지속적으로 발견하고 느꼈던 것이다. 그와 그런 자들이 함께 대화를 나누었을 때 말이다.

바울은 "내가 너희를 강건하게 해 주기 위해"라고 말하지 않고 수동태를 사용하여 "너희가 강건해지도록"이라고 했다. 아름다운 장면이다. 바울은 그 결과를 표현함으로써 자신을 숨긴다. 바울이 한 말 즉, "너희와 내가 서로의 믿음에 의해 피차 위로를 받도록 하라"(롬 1:11-12)라는 말도 마찬가지로 은혜로운 말이다(롬 1:12). 같

완전한 기도

은 생각과 만나면 원기가 회복된다.

남을 윤택하게 하는 자는 윤택하여지리라(잠 11:25).

축복의 기도

주 예수 그리스도의 은혜와 하나님의 사랑과 성령의 교통하심이 너희 무리와 함께 있을 지어다. 아멘(고후 13:13).

이 삼중적 기원은 기독교의 "축도"로 잘 알려져 있다. 하나님은 이 구약성경적 강복공식을 이스라엘 총회에서 사용하도록 허락하셨다.

아론과 그 아들들에게 고하여 이르기를 너희는 이스라엘 자손을 위해 이렇게 축복하여 이르되 여호와는 네게 복을 주시고 너를 지키시기를 원하며 여호와는 그 얼굴로 네게 비취사 은혜 베푸시기를 원하며 여호와는 그 얼굴을 네게로 향하여 드사 평강 주시기를 원하노라 할지니라 하라 그들은 이같이 내 이름으로 이스라엘 자손에게 축복할지니 내가 그들에게 복을 주리라(민 6:23-27).

그러나 고린도후서 13:14을 기독교 교회에 사용하도록 하나님

완전한 기도

이 요구하셨다는 사실을 보여주는 단서가 전혀 없다. 하지만 그렇게 하는 것이 부조리하다는 사실을 보여주는 단서도 분명히 존재하지 않는다. 사실상, 교리적으로 몹시 중요하기 때문에, 그리고 그 적절성 때문에 폭넓게 사용되어왔다. 고린도후서 13:14에서 사용된 말은 기독교 신앙의 고백인 동시에 기독교적 특권의 선언이기 때문이다.

1. 하나님에 관한 기독교 교리

고린도후서 13:14의 축복은 기독교의 신론의 간략한 요약을 담고 있다. 하나님에 관한 기독교적 교리는, 우상숭배적 이교도의 끔찍한 망상뿐만 아니라 유대교에 존재하였던 부적절한 신 개념과는 모순관계에 있다. 우리에게 있어서 하나님에 관한 기독교적 교리라는 말은, 하나님에 관해 훨씬 특별하게도 신약성경이 제공하는 계시를 의미한다. 그리고 그것은 우리에게, 하나님에 관해 구약성경에 계시된 것을 비하하거나 과소평가하지 않도록 매우 주의 깊게 다루어야 하는 근거를 제시해 준다. 만일 우리가 한편으로는, 구약성경의 하나님은 신약성경의 하나님과는 매우 다른 인격체라는 무서운 오류를 방비해야 한다면, 다른 한편으로는 신약성경의 훨씬 명료한 가르침을 구약성경에 투사하여 지나치게 읽어내지 않도록 주의할 필요가 있다. 어쨌든 우리는, 율법시대에 속하는 사람들이 보던 성경의 어떤 것들에 대해 지금 우리가 복음적 경륜이라는 훨씬 더 밝은 광명 속에서 해석하는 것과 동일한 의의를 그들도 파악했다고 결론 내려서는 안 된다. 이런 맥락에서는, "어둠이 지나갔고 이제는 참된 빛이 비친다"라는 말씀을 염두에 둘 필요가 있다(요일 2:8).

여호와는 부족部族의 신에 불과하다는 주장과, 신약성경에서 여호와에 관해 언급한 것은 히브리인들이 자신들의 부족신에 관해 가지고 있던 입장을 반영하는 것이라는 주장은, 성경의 실질적인 영감을 부인하는 자들의 신성모독적이며 잘못된 주장이다. 그러나 사탄의 그런 조잡한 주장을 거절하고 구약성경을 신약성경과 동등하게 하나님의 말씀이라고 생각하는 많은 사람들이 하나님에 관한 신약성경의 계시를 구약성경에 있는 것보다 훨씬 더 우월하다는 입장을 견지한다는 것은 비록 의식의 차이는 다양하지만 심히 두려운 일이다. 심각하게 잘못된 개념이다. 하나님의 엄정하심은 요한계시록에도 여호수아만큼이나 분명하게 나타나 있다. 사실상, 계시록에 나타난 진노의 그릇들은 하나님이 이집트와 가나안에 가한 재앙들보다 성격상 훨씬 무섭다. 반면에, 서신서에 나타난 하나님의 선하심은 시편에 묘사된 인자하심을 조금도 능가하지 않는다. 시내 산과 갈보리 산의 하나님은 동일한 한 분 하나님이시며, 율법과 복음 모두의 저자다.

위에서 언급한 것처럼, 신약성경의 훨씬 명료한 가르침을 구약성경에 밀어 넣어 지나치게 해석해내지 않도록 주의를 기울여야 한다. 하나님 말씀의 완성본을 들고 있는 우리는 그것에 의해, 삼위일체 하나님이라는 진리의 실체가 성경의 훨씬 앞 쪽에 나와 있다는 사실을 훨씬 분명하게 인식할 수 있게 되었다. 그러나 거기에서, 마태복음 28:19만큼 명백한 진술이 없다는 사실을 인정하지 않으면 안 된다. 단일한 신적 본체 속에 판명한 세 위격이 존재한다는 사실을 유대 민족이 인식하였는지에 관해서는 상당히 의심스럽다는 것은 분명하다. 옛 경륜 하에서 알려진 위대한 진리는 차라리 하나님의 단일성이었다.

> 이스라엘아 들으라 우리 하나님 여호와는 오직 하나인 여호와시니
> (신 6:4).

이 진리는 이교도의 우상숭배적 다신교주의와 날카롭게 대조되었다. 반면에, 그 당시 성도 개개인은, 비록 오늘날 우리가 가지고 있는 것만큼 충분하지는 않았어도 삼위일체 하나님에 관한 구원에 이르게 하는 지식을 소유하였음에 틀림없다. 이에 관해 칼빈이 "하나님은 그리스도의 강림에서 자신을 훨씬 명료하게 드러내셨기 때문에 삼위의 위격은 훨씬 잘 알려지게 되었다"라고 말했다. 우리는 특히, 세 위격의 언약적 직무와 판명한 활동에 관한 언급을 덧붙인다.

(1) 구약성경의 계시

> 의인의 길은 돋는 햇볕 같아서 점점 빛나서 원만한 광명에 이르거니
> 와(잠 4:18).

이 말씀은 개인적으로 성취되었을 뿐만 아니라 집합적으로도 성취되었다. 교회에 개별적으로 뿐만 아니라 집단적으로도 적용된다.

신성한 계시의 빛은 "여기에 조금, 저기에 조금" 비추고 한낮의 광채 속에서는 빛나지 않기를 임마누엘이 사람들 사이에서 장막을 치고 거하기 전까지 계속 그러했다. 구약성경에서 삼위일체 교리가 드러난 정도는 믿음의 다른 신비들을 발견한 것에 비례하였음이 틀림없었다. 그것은 처음부터 계시된 것이 분명하였지만 지금과 똑같은 뚜렷함과 명쾌함을 가지지는 못했다.

> 옛적에 선지자들로 여러 부분과 여러 모양으로 우리 조상들에게 말씀하신 하나님이 이 모든 날 마지막에 아들로 우리에게 말씀하셨으니(히 1:1-2).

이 구절은 히브리서에 나오는 첫 번째 대조이며, 그 주제는 기독교가 유대교보다 우월하다는 것이다. 앞 시대에서 하나님의 자기 계시는 단편적이며 불완전했다. 그러나 이 마지막 시대에서는 하나님의 생각과 마음이 충분히 계시되었다. 과거에는 선지자들과 같은 도구들을 통해서였지만 지금은 하나님의 아들이라는 인격체에 의해서이다.

기독교의 계시는 주 예수 그리스도를 통해 우리에게 온다. 하나님은 성육신한 아들 안에서 및 그에 의해 표명되기 때문이다. 오직 그 중보자를 통해서만 하나님께 나아갈 수 있기 때문이다. 오직 그 중보자 안에서만 하나님을 참으로 알 수 있다. 우리는 오직 그를 통해서만, 생명에 이르는 신지식神知識을 가질 수 있다. 그리스도가 자기 교회의 선지자로서 가진 위대한 사명은, 하나님의 성품과 완전

완전한 기도

하심을 알리는 것이다. "말씀"이라는 그리스도의 직함은 이것을 나타낸다.

> 태초에 말씀이 계시니라 이 말씀이 하나님과 함께 계셨으니 이 말씀은 곧 하나님이시니라…말씀이 육신이 되어 우리 가운데 거하시매 우리가 그 영광을 보니 아버지의 독생자의 영광이요 은혜와 진리가 충만하더라(요 1:1, 14).

말은 표현의 매개체이다. 내가 마음속으로 어떤 생각을 가지고 있어도 다른 사람들은 그것을 모른다. 그러나 내가 그 생각에 언어로 옷을 입히는 순간 인식 가능한 것이 된다. 그때 말은, 보이지 않는 생각을 객관화시킨다. 이것이 엄밀하게 말해서, 주 예수께서 행하신 일이다. 주님은 눈으로 볼 수 없는 하나님을 나타냈다. 말은 또한, 의사전달의 수단이기도 하다. 나는 말에 의해 다른 사람들에게 정보를 전달해 준다. 나는 말에 의해, 나 자신을 표현하고 나의 의지를 알리고 지식을 나눈다. 말씀처럼 그리스도는, 하나님의 충만한 생각과 의지를 우리에게 표현해 주고 하나님의 생명과 사랑을 우리에게 전달해 주는, 신성한 전달자이다.

(2) 그리스도는 하나님의 속성과 완전성을 계시한다

말은 계시의 수단이기도 하다. 말하는 이나 쓰는 이는 자신의 지적 능력과 도덕적 성품을 자신의 말에 의해 드러낸다. 입은 마음속에 가득 차 있는 것을 토로하고, 우리의 언어는 우리 속에 있는 것을 폭로한다. 우리의 말에 의해 우리는 심판 때에 의롭다 함을 얻거나 정죄 받을 것이다. 우리의 말이 우리의 과거 모습과 현재 모습을 드러내고 증명할 것이다. 그리고 말씀이신 그리스도는 하나님의 속성과 완전성을 계시한다. 그리스도가 하나님을 정말 충분하게 나타냈다! 그리스도는 하나님의 권세를 펼쳐 보여주었고 하나님의 오래 참으심을 예증하였고 하나님의 지혜로우심을 나타냈고 하나님의 거룩하심을 보여주었고 하나님의 신실하심을 밝혔고 하나님의 의로우심을 과시하였고 하나님의 은혜로우심을 알렸고 하나님의 말씀을 밝혀주었다.

다른 어떤 곳이 아닌 오직 그리스도 안에서만, 하나님은 충분하고 최종적으로 나타났다. 바로 그런 이유로 인해 그리스도를, "보이지 않는 하나님의 형상"이라고 지칭한다(골 1:15). 그리스도는 하나님에 관한, 눈으로 볼 수 있고 손으로 만질 수 있고 인식할 수 있는 표현을 우리의 눈과 마음 앞에 가져다 놓았다. 비록 "어느 때에든지 하나님을 본 사람이 없지만 성부 하나님의 품 안에 있는 독생자가 하나님을 나타냈다"(요 1:18). 즉, 그리스도는 하나님을 충실하게 선포했다. 여기에서 "나타냈다"로 번역된 헬라어는 누가복음 24:35에서는 "말했다"로 번역되어 있다.

(3) 그리스도는 아버지를 계시한다

아버지의 품 안에 있는 그리스도는 비록 이 땅위를 다닐 때조차도 하나님을 나타내기에 무한히 적절하신 분이었다. 하나님과 동등한 유일한 자만이 하나님을 말해줄 수 있었기 때문이다. 그리스도

완전한 기도

는 성부 하나님을 완벽하게 계시하였기에 성자의 사역을 끝마칠 무렵 빌립에게, "나를 본 자는 아버지를 보았다"라고 말씀해 주셨다 (요 14:9). 그리고는 성부 하나님께 다음과 같이 선언하셨다.

세상 중에서 내게 주신 사람들에게 내가 아버지의 이름을 나타내었 나이다…내가 아버지의 이름을 저희에게 알게 하였고(요 17:6, 26).

하나님의 이름은 하나님이 표현하고 전달할 수 있는 하나님의 존재하심 전체를 가리킨다. 하나님은 본질적으로 자신의 절대성, 자신의 형언할 수 없는 장엄, 자신의 불가해한 무한, 하나 안에 있는 셋이며 셋 안에 있는 하나인 자신의 자존적 실체 안에 거하시는 존재 즉, 무한한 여호와이기 때문에, 유한한 지성은 제아무리 영적이라 할지라도 하나님을 충분히 알 수 없다. 그렇다. 영원에 이르도록 불가능한 일이다. 하나님은 자기 교회를 향하신 자신의 사랑 안에서, 그리스도 안에 있는 자기 백성들에 대해 맺고 있는 자신의 언약적 관계 안에서, 하나님의 백성들과 맺은 일체의 연합과 교제의 매개체이며 중보자인 하나님이 사랑하시는 독생자 안에 있는 자들에게 쏟아 부으신 자신의 영원한 기쁨 안에서, 자신을 계시하고 알려주시는 것을 은혜롭게 즐거워하셨다.

하나님은 주 예수 그리스도 안에서 그리고 주 예수 그리스도를 통해, 우리에게 계시된다. 히브리서의 저자는 그리스도를, "(삼위일체 하나님의) 영광의 광채요, 본체에 대한 명백한 형상"이라고 선언했다(히 1:3). 히브리서의 구절은 그리스도가 하나님인 동시에 사람이라고 즉, "그가 혼자서 우리 죄악들을 제거하였을 때"라고 언급될 정도로 성육신하신 성자라고 분명하게 진술했다. 그 축복된 진술을 우리는 성부 하나님의 인격이 그리스도를 통해 충분하고 명백하게 나타났다는 뜻으로 이해한다. 그 중보자 안에서 신성의 모든 영광이 실현되었고 나타났다. 그것은 교회에 반영되도록 하고 그럼으로써 알리고 즐거워하도록 하기 위한 것이며, 하나님을 영화롭게 하기 위한 것이다. 나타냄은 계시함에 있다. 그래서 우리 주께서는 하나님의 "이름"을 계시하고 알렸다. 자신의 성육신에 의해, 자신의 거룩한 삶에 의해, 율법을 높임으로써, 말씀을 가르치고 이적들을 행함에 의해, 자신의 고난과 죽으심에 의해, 자신의 승리의 부활에 의해, 자신의 승천에 의해 그렇게 하셨다. 그는 자신의 영에 의해 그렇게 하셨다. 그리스도는 초자연적 계시에 의해 자기 자신에게 – 즉, 내적으로– 알려진 하나님을 외적으로 나타낸 것 그 이상이었다.

이에 저희 마음을 열어 성경을 깨닫게 하시고(눅 24:45).

지금까지 위에서 자세히 검토한, 하나님에 관한 기독교적 교리를 계시해 준 것으로 인해 우리 주 예수 그리스도께 감사드린다. 우리는 그것이, 하나님 자신의 성품과, 고린도후서 13:14에 대한 세부적인 해석에 즉시 착수하지 않고 대신에 우리와 지속적으로 맺고 있는 관계를 우리에게 알려주실 때 우리가 우리의 구속자에게 무엇을 빚고 있는지를 가장 잘 알려준다고 생각했다. 그리스도께서 단언하신 것처럼 "내 아버지께서 모든 것을 내게 주셨으니 아버지

완전한 기도

외에는 아들을 아는 자가 없고 아들과 또 아들의 소원대로 계시를 받는 자 외에는 아버지를 아는 자가 없"다(마 11:27). 어떤 누구도 그리스도의 중재를 통하지 않고는 아버지께로 나아갈 수 없다. 그리스도가 영혼에게 하나님을 초자연적으로 계시해주지 않는다면, 어떤 누구도 성부 하나님에 관한, 영적 및 생명의 지식을 얻지 못한다.

우리 주님께서 "나를 본 자는 아버지를 보았다"라고 선언하실 때, 표면적으로 나타나는 것보다 훨씬 더 깊은 의의를 지닌 말씀을 하신 것이다. 문맥상의 위치에 따르면, 그 말씀은 책망에 훨씬 가깝다. 빌립이 주님께 "우리에게 아버지를 보여주십시오. 그렇게 하시면 우리가 만족하겠습니다"라고 말하였기 때문이다(요 14:8). 빌립의 이 요청에 대해 구세주는, "빌립아, 나는 그토록 오랫동안 너희와 함께 지냈지 않았느냐, 그런데도 너는 나를 몰랐느냐?"라고 대답하셨다. 그의 삶, 그의 가르침, 그의 행함들은 그가 누구인지를 충분히 명백하게 드러냈던 것이다. 그 말씀에, "나를 본 자는 아버지를 보았다 그런데 어떻게 네가 '나에게 아버지를 보여달라'는 말을 하느냐?"라는 말씀을 덧붙이셨다. 그러나, 당시에는 지금처럼 성령을 주시지 않았다는 것과 이 사도들의 마음은 그리스도의 죽으심과 그 이후에 자기들과 헤어질 것이라는 전망 때문에 괴로워했다는 것을 염두에 두라(요 14:1). 그러나 보다 깊은 의미에서 볼 때, "나를 본 자"라는 말은 그리스도를 물리적으로 보는 것을 가리키지 않는다. 그것은 하나님께서 영적으로 밝혀주신 이해력을 가진 눈으로라야 볼 수 있는 그리스도를 영적으로 본다는 것을 가리킨다. 이러한 사람은 그리스도가 성부 하나님과 하나이심을 확인할 수 있고, "나의 주, 나의 하나님"이라고 외칠 수 있다.

(4) 하나님은 그리스도 안에 명쾌하게 계시되었다

우리가 위에서 확인한 두 가지 사실을, 우리가 잘 알고 있는 고린도후서 4:6에서는 하나로 모아났다.

어두운데서 빛이 비취리라 하시던 그 하나님께서 예수 그리스도의 얼굴에 있는 하나님의 영광을 아는 빛을 우리 마음에 비취셨느니라 (고후 4:6).

첫째, 하나님은 존재하신다와 하나님은 어떤 분이신가에 관한 가장 명확한 계시는 그리스도라는 분에게서 이루어졌다. 그래서 구세주 안에 있는 하나님을 보기를 거절하는 자들은 하나님에 관한 일체의 참된 지식을 상실한다.

둘째, 하나님의 영광은 영적이기 때문에 오직 영적으로라야 분간할 수 있다. 우리는 오직 하나님의 빛 속에서만이 빛이신 하나님을 볼 수 있다. 그러므로 하나님은 우리에게 자신에 관한 실질적이고 체험적인 지식을 주시기 위해 우리 마음속에서 빛을 발하심에 틀림없다. 하나님에 관한 이와 같은 지식은, 지성적 이해에 의한 것도 사람이 다른 사람에게 전달해 줄 수 있는 것도 아니다. 우리가 그 빛을 수용하는 것은 우리의 의지 혹은 우리가 발휘하는 어떤 노력의 결과가 아니다. 거룩한 명령의 직접적인 결과이다. 그것은 이 세상을 창조하실 때 하나님이 "빛이 존재하라"고 말씀하시자 "빛이 존재하였"던 것과 같다(창 1:3). 하나님은 빛을 창조하셨다. 그리고 하나님은 택자들의 죽은 영혼들을 일깨우시고, 그럼으로써 그들을 어둠 밖으로 불러내어 하나님 자신의 경이로운 광명 속으로 데려가신다. 그렇게 함으로써, 그들은 예수 그리스도의 얼굴 혹은 인격 안에 있는 은혜와 진리의 완전하심 속에서 찬란히 빛나는 하나님을 보게 된다. 오직 전능을 발휘하심만이 그토록 놀랍고 그토록 축복된 이적을 낳을 수 있다. 하나님은 성령의 능력과 활동에 의해 우리 마음속에서 찬란히 빛나신다.

그렇다면 바로 여기에서, "내가 어찌하여야 하나님에 관한 더 좋은, 더 깊은, 더 충분한, 더 영향력 있는 지식을 획득하게 될까?"라는 지극히 중요한 질문에 대한 해답이 있다. 즉, 그 해답은 "마음을 주 예수로 채움으로써," 그의 경이로운 인격과 사역에 관해 성경에 계시된 모든 것을 연구하고 묵상함으로써, 성령에 대한 나의 완벽한 의존성을 깨닫고 그리스도에 속한 것들을 가져다가 내게 보여달라고 성령께 간구함으로써(요 16:14), 성령을 슬프게 하고 성령의 이 사역을 (도덕적으로) 가로막을 모든 것들을 삼감으로써 이다. 구속주와의 인격적 교제를 대체하거나 만회할 수 있는 것은 아무것도 없다. 오직 말씀의 거울에 비친 주의 영광을 믿음과 사랑의 눈으로 바라볼 때에만, 우리는 "동일한 형상으로 변화되어 영광에서 영광에 이른다. 주의 영에 의한 것이기 때문이다"(고후 3:18).

사도 바울을 본받아 그리스도를 아는 것을 우리의 일차적인 열망과 노력으로 삼자. 우리가 그리스도를 알 때 삼위일체 하나님을 아는 지식에 도달하기 때문이다.

(5) 그리스도는 제사장적 사역을 위해 기름부음 받으셨다

기독교의 축복기도는 그리스도의 뱁티즘과, 그리스도가 제자들에게 주신 뱁티즘 공식과 밀접하게 연결되어 있다. 전자는 우리에게 매우 두드러진 장면을 제공해 준다. 그리스도가 세례(침례)를 받으실 때 삼위일체 하나님의 세 위격 전부를 구속사역을 상징적으로 드러내는 것과 관련지어 명백하게 드러냈기 때문이다. 세례자(침례자) 요한이 하나님을 향한 회개와 세상 죄를 제거할 하나님의 어린 양에 대한 믿음을 전파하러 왔다. 그러나 그도 역시, 성령을 명백하게 언급했다(마 3:11). 구세주가 자기 앞 길을 예비하는 자의 손으로 요단강에서 세례(침례)를 받으러 나왔을 때, 그 죽음은 자신이 응당 치러야 할 죽음임을 인정하는 우리의 보증으로 나왔던 것이다. 바로 거기에서, 십자가에서 끝나게 되어 있는 그 길에 접어들었다. 그리스도께서 그 상징적 무덤에서 올라왔을 때 하늘이 열리고 성령이 비둘기 형상으로 그리스도에게로 똑바로 내려왔다. 그로써 그리스도는 자신의 제사장적 사역을 위한 기름부음을 받았다(행 10:38). 그와 동시에 성부의 목소리가, 들을 수 있는 목소리로 들려왔다.

> 이는 내 사랑하는 아들이요 내 기뻐하는 자라(마 3:17).
> 아버지께서 나를 사랑하시는 것은 내가 다시 목숨을 얻기 위해 목숨을 버림이라(요 10:17).

그리스도께서 십자가 위에서의 죽음을 상징적으로 서약하시면서 세례(침례)를 받으실 때, 성부께서는 성자를 기뻐하신다는 것과

완전한 기도

그리스도께서 드리실 것을 받으신다는 것을 공언하셨다.

그리스도께서 요단강에서 성령 받으신 것은, 그리스도의 메시아적 사역을 위한 채비를 갖추는 것이었다. 그리스도는 성령에 의해 보내심을 받고 기름부음을 받으셨듯이, 그리스도는 자신의 사도들에게 사명을 위임하고 성령을 주신다.

> 아버지께서 나를 보내신 것같이 나도 너희를 보내노라 이 말씀을 하시고 저희를 향하사 숨을 내쉬며 가라사대 성령을 받으라(요 20:21-22).

후에, 그리스도께서는 제자들에게 대 사명을 위임하셨다.

하늘과 땅의 모든 권세를 내게 주셨으니 그러므로 너희는 가서 모든 족속으로 제자를 삼아 아버지와 아들과 성령의 이름으로 세례(침례)를 주고(마 28:18-20).

"'이름으로' 세례(침례)"라는 말은 하나님에게로의 세례(침례)라는 뜻이다. 신약성경에 있는 하나님의 이름들은 "아버지와 아들과 성령"이다. 삼위일체의 하나님은 이제 충분히 계시되었다. 그것은, 그리스도가 하나님에 관해 가르치신 교훈의 완성이며 정점이었다. 그의 나라에 들어가는 모든 사람들을 위한 신앙입문 서약이 되도록, 항상 세례(침례)주라고 명령하셨다. 신자들이 세례(침례)받을 때 사용해야 하는, 하나님의 이름들은 기독교 교회의 근본교리인 삼위일체 하나님이심을 나타낸다.

2. 삼위일체 하나님

기독교의 축복기도는 기독교의 근본적 교리 가운데 하나를 선언한다. 삼위일체 하나님을 믿음으로 인정하지 않는 어떤 사람도 그리스도인으로 간주될 자격이 없기 때문이다. 그런 까닭에, 성경은 자신을 그리스도인이라고 공언하는 모든 사람에게 "아버지와 아들과 성령의 이름으로" 세례(침례)를 받으라고 명령한다. 신성한 삼위일체가 신약성경의 전체 가르침의 근저에 놓여 있다. 구속주는 하나님과 동등하며, 아버지와 하나라고 주장하였으며 성령을 인격적인 동시에 신적인 존재라고 언급했다. 사도들은 모든 곳에서, 그리스도의 가르침을 선언하였고, 삼중적으로 구별되는 하나님의 위격을 인정했다. 성자와 성령이 성부와 동등한 신격(과 존귀함)이라는 것은 사도들이 전한 복음의 신비요 영광이다.

> 영생은 곧 유일하신 참 하나님과 그의 보내신 자 예수 그리스도를 아는 것이니이다(요 17:3).

"유일하신 참 하나님"은 성부, 성자, 성령으로 계시되었으며, 유일한 중보자인 예수 그리스도 안에서와 예수 그리스도를 통해 알려진다.

삼위일체 하나님의 계시는 기독교의 교리적 기초라는 것은 쉽게 증명할 수 있는 것이다.

첫째, 위에서 지적하였듯이, 참 하나님은 동일 본질적이며 동일

완전한 기도

하게 영원한 세 위격으로 존재한다. 그러므로 삼위일체 하나님 이 외의 어떤 존재를 경배하는 자는 단지, 자기 자신의 상상력이 지어 낸 것에 경의를 표하는 것일 뿐이다. 성부, 성자, 혹은 성령이든 어느 한 위격의 인격성이나 절대적 신성을 부인하는 자는 참된 그리스도인일 수 없다.

둘째, 삼위일체 하나님이 만든 구원을 제외하고는 결코 죄인을 위한 구원은 존재할 수 없다. 성부와 성자의 구속 활동을 배제한 채 주 예수 그리스도를 우리의 구세주로 간주하는 것은, 심각한 잘못이다. 성부는 그리스도 안에 있는 자신의 택자들의 구원을 영원토록 목적하셨다(엡 1:3-6). 성부, 성자, 성령이 서로 영원한 언약을 맺어 성자가 죄인을 구속하기 위해 성육신하기로 했다.

교회의 구원은 성부에게 귀속된다.

하나님이 우리를 구원하사 거룩하신 부르심으로 부르심은 우리의 행위대로 하심이 아니요 오직 자기 뜻과 영원한 때 전부터 그리스도 예수 안에서 우리에게 주신 은혜대로 하심이라(딤후 1:9).

그때 성부는 성자가 이렇게 되기 위해 죽기 오래 전에 우리의 구세주였다. 바로 이런 이유 때문에, 감사는 응당 성부가 받아야 마땅하다. 그리스도께서 하나님이 택하신 자들을 위해 죽으신 그 혜택을 택자들의 마음에 실제적으로 적용하는, 성령의 활동도 마찬가지로 필요불가결한 것이다. 사람들에게 죄를 깨닫게 하고 구원에 이르게 하는 믿음을 그들에게 나눠주는 이는 바로 성령이시다. 그러므로 우리의 구원을 성령에게 돌린다.

하나님이 처음부터 너희를 택하사 성령의 거룩하게 하심과 진리를 믿음으로 구원을 얻게 하심이니(살후 2:13).

디도서 3:4-6을 세심하게 읽어보면, 하나님의 세 위격 모두가 이런 관련을 맺고 있음을 알 수 있다. 여기에서 "하나님 우리 구주"는 분명히 성부이다.

우리 구주 하나님…우리를 구원하시되…중생의 씻음과 성령의 새롭게 하심으로 하셨나니 성령을 우리 구주 예수 그리스도로 말미암아 우리에게 풍성히 부어 주사(딛 3:4-6).

셋째, 우리의 다양한 필요를 채워주는 것은 거룩한 세 위격이 펼치는 판명한 활동에 의한 것이기 때문에 삼위일체 교리는 근본적인 교리이다. 우리는 "주 예수 그리스도의 은혜"를 필요로 하지 않는가? 우리는 그리스도에게로 끊임없이 나아가 그리스도 안에 우리를 위해 쌓아두신 충만한 은혜로부터 이끌어내는 것이 대단히 시급한 경험적 요구사항이 아닌가?(요 1:16). 만일 우리가 "필요한 때에 도움이 되는 은혜"를 받고자한다면 우리는 중보자가 앉아계시는 보좌로 가지 않으면 안 된다. "하나님의 사랑"을 필요로 하지 않는가? 즉, 하나님의 사랑이 새롭게 나타나고, 하나님의 사랑을 새롭게 파악할 필요가 있지 않은가? "하나님의 사랑" 안에 머물러 있도록 하라는 명령을 받지 않았는가?(유 21). 마찬가지로 "성령의 교통하심"도 필요하지 않은가? 만일 성령이 우리의 속사람을 날마

완전한 기도

다 새롭게 해 주지 않으면 우리는 어찌 될까?(고후 4:16, 엡 3:16을 보라). 성령이 "우리의 연약함"을 돕지 않고 하나님의 뜻에 따라 성도들을 위해 중재하지 않으신다면 우리의 기도생활은 어찌 될까?(롬 8:26-27).

(1) 거룩한 삼위일체

그리스도의 동정녀 탄생과 우리 육신의 부활처럼, 성^聖삼위일체 교리는 신앙의 신비 가운데 하나이다. 신앙에 제시된 첫 번째 진리는 참되며 살아 계신 하나님의 존재하심이다. 이 사실을 우리는 이성의 발견으로부터가 아니라 하나님이 자신의 말씀에서 우리에게 계시해 주셨기 때문에 안다. 그 다음으로 위대한 진리는, 살아 계신 참된 한 분 하나님이 성부, 성자, 성령이라는 삼중적 연관 속에서 우리에게 자신을 알리신 것이다. 이 사실을 우리는, 첫 번째 것과 같은 권위에 입각하여 안다. 이 둘은 똑같이 이성을 초월한다. 그리고 진정한 그리스도인들은 이것들을 헤아려보겠다는 시도를 하지 않는다. 하지만 이 두 교리의 불가해성不可解性은 결코 문제거리가 되지 않고 그와 반대로, 계시에 대한 확신과 계시되는 자에 대한 믿음의 필수 조건이다. 만일 성경이 이성이 측량할 수 있는 능력범위를 초월하지 않는 높이로 계시하지 않았다면, 가장 예민한 지적 통찰력을 가진 사람이 헤아릴 수 없는 깊이를 담고 있지 않다면, 본인은 그것을 인간의 산물이며 협잡에 불과한 것이라고 간주하여 폐기처분하였을 것이다. 우리 입장에서는 우리의 지성으로 측량할 수 있는 "신"을 경배할 수 없는 것은, 우리의 손으로 지은 형상을 존귀하게 여길 수 없는 것과 마찬가지이다.

하나님이 자신의 세 위격에 관해 주신 계시를 논하려고 시도할 때마다, 우리는 머리를 조아리고 마음을 경건히 하여 논의에 임해야 한다. 우리가 밟는 땅은 형언할 수 없이 거룩하기 때문이다. 무한히 장엄하고 영광스러운 하나님과 관련된 주제이기 때문에 초월적으로 신성한 주제이다. 이 주제에 관한 우리의 지식 전체를 위해서는, 하나님이 자신의 말씀에서 자신에 관해 계시하기를 즐거워하신 것에 전적으로 머물러 있어야 한다. 과학, 철학, 경험, 관찰, 혹은 사색은 이 숭고한 영역에서는 우리의 지식에 점 하나만큼도 늘려주지 못한다.

(2) 하나 안에 셋

신적 삼위일체는 하나 안에 있는 셋이다. 다시 말하자면, 세 하나님들이 존재하는 것이 아니라, 한분 참 하나님이시면서도 그 신적 본질 속에 있는 본질적인 연합에 의해 공존하시는 세 위격이 존재한다. 그 세 위격은 서로 동등하며 동등한 영광을 누린다. 그래서 서로 간에 서열상의 차이도, 크고 작음의 차이도 없다. 세 위격은 각자가 맡고 있는 언약상의 직분으로 그리고 그 직분에 의해, 우리에게 나타난다. 이 세 위격이 우리에게 어떤 관련을 맺고 있으며 영원한 언약에 의해 우리에게 어떤 유익을 주는지를 믿고 아는 것은 우리의 특권이자 의무이다. 그러나 우리는 세 위격의 본체에 관한 신비를 이해하지 못한다. 삼위일체 하나님을 구별해서든 연합해서든 동등하게 영화롭게 하지 않는 일체의 가르침은, 영혼에게 전혀

완전한 기도

무가치하다. 누군가 다음과 같이 언급했다.

> 삼위일체의 진리를 모르며 인정하지 않는 곳에서는 기독교는 전혀 흔적도 없다. 성부, 성자, 성령이 공식적으로 존재하지 않는 곳에서는 경건의 흔적도 전혀 없다. (말하자면) 삼위일체 진리라는 망원경을 신앙의 눈에 갖다대고 그 망원경을 통해서 진리를 바라보지 않는다면, 하나님의 은혜에 관한 명확한 관점을 얻지 못한다.

방금 지적한 것을 고려해 볼 때, "기독교" 국가를 자처하는 나라에서 삼위일체 하나님을 더 이상 공식적으로 인정하지 않는 것은 가장 심각한 시대적 징표의 하나이다. 우리의 국가지도자들 가운데는 아직 "하나님"께 감사하고 우리가 "전능자"를 의존하고 있다고 인정하는 사람들이 있기는 하지만 그것은 정통적인 유대인들이나 이슬람교도들도 하는 정도에 불과한 수준이다. 주 예수 그리스도와 성령에 대한 언급을 주의 깊게 회피한다. 그것이 비록 슬픈 일이기는 하지만 놀라운 일은 아니다. 그것은, 종교의 영역에서 오래 전에 성취한 것을 세속 영역에서 나타내는 것에 불과하다. 과거의 몇 세대에 걸쳐, 그리스도의 신성과 성령의 신성은 대부분의 신학교에서 공공연하게 거부되었다. 그럼으로써 하나님의 삼위일체성이 부인되었다. 심지어 "정통적인 교회"의 대부분에서조차 영원한 삼위일체는 설교단의 교리적 가르침에서든 신자들의 경건생활에서든 마땅히 차지해야 할 정당한 위상을 부여받지 못했다.

바울은 이 축복기도에서 삼위일체를, 은혜와 사랑과 교제의 원천이라고 천명한다. 그 독특한 특색을 간과해서는 안 된다. 즉, 그 순서는 비범한 것이며 그 이름들도 비공식적으로 사용된 것이다. 아들을 아버지 앞에 둔다. 신적 위격들을 여기에서는 아들, 아버지, 성령이라고 언급하지 않는다. 이렇게 한 이유는, 우리의 본문은 우선 (마 28:19에서처럼) 신앙고백이 아니며 (유 24-25에서처럼) 송영送迎도 아니고 축복기도이기 때문이다. 송영은 찬양을 돌리는 것 즉, 송축頌祝이고, 축복기도는 축복하는 말이다. 전자는 성도의 마음으로부터 하나님께로 올라가는 것이고, 후자는 하나님으로부터 성도에게로 내려오는 것이다. 사무엘 채드윅Samuel Chadwick은 "결과적으로 축복기도는 그 주제에, 신학의 관점이 아니라 경험의 관점으로부터 접근한다. 그것은 절대적 신성에 거하는 하나님의 영광에 관한 정의에 관련된 것도 아니고 그것을 묵상하는 것도 아니다. 그것은 영혼 속에서 깨달은 그대로의 하나님을 표현하는 것이다"라고 말했다.

(3) 삼위일체 교리는 대단히 중요하다

그러므로 기독교의 축복기도는, 삼위일체 교리는 생명에 관한 경건의 존재와 진보에 대단히 중대하다는 사실을 암시하며, 단지 사색의 주제가 아니라 은혜와 평강을 성도들에게 전달해 주는 일체의 교통함이 의존하는 것이라는 사실을 암시한다. 삼위일체 교리를 거부하는 자들 중에는 하나님과 영적 교제를 나눈다고 고백하는 자들이 거의 없으며 오히려 그것을 열정주의 및 광신주의로 간주한다는 것은 두드러지게 나타나는 엄숙한 사실이다. 이 사실은, 유니테

완전한 기도

리안주의자들의[9] 저술을 숙독하면 확인될 것이다. 축복기도는 그리스도인의 특권적 축복을 복음의 세 위대한 단어 즉, **은혜, 사랑, 교통**으로 요약해준다. 하나님의 이 세 은사들을 삼위일체의 각 위격에 귀속시킨다. 그 하나하나는 각 위격 고유의 사역에서 도드라진다. 그러나 우리는 그 한계선을 찾을 수 없으며 하나님을 한 분이 아닌 세 하나님들이라고 생각하지 않도록 조심하지 않으면 안 된다. 그 각각은 모두에게 속한다. 은혜는 성자에 속한 것과 마찬가지로 성부와 성령에게도 속한다. 사랑은 성부의 것인 동시에 성자와 성령의 것이기도 하다. 우리가 성령과 교통함이 있는 것만큼이나 성부와 성자와도 교통함이 있다.

3. 은혜, 복음의 위대한 단어

"주 예수 그리스도의 은혜." 은혜는 성부와 성령에게도 속하는 것임에도 어째서 이처럼 뚜렷하게 은혜를 **주 예수 그리스도**에게 돌리는가? 그것은 구속경륜에서 모든 은혜가 그를 통해 우리에게 오기 때문이다. **은혜**라는 단어는, 바울의 특별한 징표로서 모든 서신에 등장한다. "우리 주 예수 그리스도의 은혜가 너희와 함께 있을지어다"라고 끝맺는 경우가 여덟 번이다. 때때로 "네 영과 함께"라고 그 형식을 바꾸기도 한다. **은혜**는 복음의 두드러진 단어들 가운데

9　[역자 주] 유니테리안주의자들(uniterians)은 기독교의 가장 기본적인 정통교리인 삼위일체(Trinity) 교리를 부인하고 일종의 단일신론을 주장한다. 사실상 성부 하나님만이 주장한다고 보고 삼위일체뿐만 아니라 그리스도의 신성, 그리스도의 대속, 원죄, 영원한 형벌 등을 비합리적이며 따라서 비성경적이라고 보고 부인한다.

하나이다. 채드윅의 글을 보자.

　은혜는 자비보다 더 크고 사랑보다 더 위대하다. 정의는 완전함을 요구하는 것이고, 자비는 동정을 베푸는 것이다. 사랑은 호응, 이해, 반응을 추구한다. 그러나 은혜는 어떤 공적도 요구하지 않는다. 은혜는 항변할만한 선_善도 전개할만한 권리주장도 없는 자들에게 무제한적으로 무조건적으로 부어주는 것이다. 은혜는 무익하고 자격 없는 자들을 찾는다. 은혜는, 사랑과 자비와 연민이 결합된 것이며 죄인들과 무례한 자들과 반역자들에게 미친다. 은혜는 죄인에게 유일한 희망이다. 구원이 은혜로부터 나오지 않는다면 결코 우리의 구원이 될 수 없다. 은혜 없이는, 화해도 죄용서도 평화도 존재할 수 없다.

　"주 예수 그리스도의 은혜." 이것은, 신_神-인_人적 중보자이신 그의 명칭이다. 그 명칭은 그의 신적 본성을 포함하며 나타낸다. 그는 "주_主"이시다. 그렇다. "만군의 주"이시다. 그 명칭은 그의 인적 본성을 포함하며 나타낸다. 그는 "예수"이시다. 그의 직분을 나타낸다. 즉, 그는 "그리스도," 기름부음 받은 자, 오래 전에 약속된 그 메시아, 그 중보자이시다. 그것은 그의 신격_{神格}이 우리의 본성을 옷 입고 자기 백성들의 머리가 되어주신 은총이다. 바울이 이 사실을 자신의 믿음의 형제들 모두에게 상기시켜 준다.

　"그의 은혜가 너희 모두와 함께 있을지어다." 이것은 우리의 첫 번째 필요사항이기 때문에 축복기도에서 첫 번째로 나온다.

우리 주 예수 그리스도의 은혜를 너희가 알거니와 부요하신 자로서 너희를 위해 가난하게 되심은 그의 가난함을 인하여 너희로 부요케 하려 하심이니라(고전 8:9).

축복기도에서 첫 번째로 언급된 것은 주 예수 그리스도가 우리를 위해 무한히 낮아지심으로써 이처럼 비천한 상태에 굴복하셨다는 사실이다.

주님께서 성육신하였을 때, 주님의 백성들은 하나님 아버지의 독생자가 "은혜와 진리가 가득" 함을 목격했다. 그래서 사도 바울은 "우리 모두는 그의 충만함으로 받았다. 은혜를 위한 은혜를 받았다"라고 덧붙였다(요 1:14-16). 여기에서 은혜의 의미는, 신적 성품이 가진 속성에서 구속받은 영혼들 속에 있는 활력으로 넘어간다. 은혜의 보좌에서 우리는, "곤고한 때에 도움을 주시는 은혜를 얻는다"(히 4:16). 마음은 "은혜로 굳건하게 되고"(히 13:9) 그 은혜에 의해 우리는 "숭경과 경외로 하나님을 합당하게" 섬길 수 있게 된다(히 12:28). 우리의 힘을 얻는 곳은, 그리스도 예수 안에 있는 은혜에서이다(딤후 2:1). 그는 그러한 능력을, 온갖 고통과 박해를 받고 있는 우리에게 "내 은혜가 네게 충분하다"(고후 12:9)는 약속에 의해 공급해주겠다고 다짐한다. 그러므로 우리는, "은혜 안에서 그리고, 우리 주±이시며 구세주이신 예수 그리스도를 아는 지식 안에서 성장하라"는 훈계를 받는다(벧후 3:18). 그 모든 성경구절들이 영혼 속에 있는 신성한 능력을, 은혜가 은혜의 원천인 주 예수 그리스도와 연계하여 작동하는 것이라고 말한다.

4. 하나님의 사랑

"하나님의 사랑." 이것이 두 번째 자리에 오는 이유는 두 가지이다. 구속 경륜에서의 순서와 그리스도인의 경험 순서가 이렇기 때문이다.

첫째, 그의 백성들에게 하나님의 사람을 획득하고 그들에게서 하나님의 진노를 제거하고 하나님과 그의 백성들을 화목케 하는 것은 그리스도의 중보적 은혜 혹은 사역이었다. 그러므로 그것은, 그의 백성들에게 주신 결코 변하지 않거나 줄지 않는 성부의 사랑이라고 하지 않고, 그들의 통치자요 심판자로 간주되는 하나님의 사랑 혹은 선의라고 한다.

둘째, 우리가 하나님의 사랑을 알고 누리게 된 것은 우리를 구원하실 때 나타난 주 예수 그리스도의 은혜에 의해서이다. 사실상 아버지의 사랑이 구속의 원천이며 발생적 원인이다. 그러나 여기에서 염두에 두고 있는 것은 하나님의 특별한 사랑이 아니다. 우리 죄악을 위한 희생으로서의 그리스도의 죽음은 우리를 하나님에게로 이끌고 하나님의 사랑에 참여하도록 만들어주기 위해 반드시 필요한 것이다. 우리 죄를 용서하심과 우리 됨됨이를 의롭다하심 속에서 우리를 향하신 하나님의 사랑이 나타나기 위한 조건은, 속죄의 피였다.

5. 성령의 교통하심

"성령의 교통하심." 그리스도의 사역이 하나님을 향해 갖고 있는 위대한 계획은, 하나님의 진노를 달래고 우리를 위해 하나님의 사랑과 은총을 획득하는 것이었다. 성도들을 향해 갖고 있는 위대한 효과는, 성령의 은사를 획득하는 것이었다. 그 헬라어 단어를 "교통하심"이나 "교제" 어느 것으로 옮겨도 좋다. 우리는 성령의 교통하심에 의해 거듭나며 믿음이 생기는 것이며 거룩이 우리 안에서 이루어지는 것이다. 생명, 빛, 사랑, 자유는 성령이 우리에게 부여하는 특별한 은택들이다. 성령이 우리와 교통하지 않으면, 그리스도의 중보가 주는 혜택을 개인적으로 경험적으로 결코 맛보지 못할 것이다.

> 그리스도께서 우리를 위해 저주를 받은바 되사 율법의 저주에서 우리를 속량하셨으니 기록된바 나무에 달린 자마다 저주 아래 있는 자라 하였음이라 이는 그리스도 예수 안에서 아브라함의 복이 이방인에게 미치게 하고 또 우리로 하여금 믿음으로 말미암아 성령의 약속을 받게 하려 함이니라(갈 3:13-14).

따라서, 그리스도가 죽으신 가장 중요한 목적 가운데 하나는 하나님의 백성들에게 성령의 교통하심을 주는 것이다.

그러나 헬라어 단어는 성령의 **교제** 즉, "동반자관계, 사귐"을 의미하기도 한다. 성령은 하나님의 것들을 우리에게 나눠주신다. 은혜는 사랑을 지향하고, 사랑은 교제를 지향한다. 이 순서가 그리스도인의 경험 순서라는 사실을 다시 확인해준다. 의식적으로 은혜를 받고 하나님의 사랑이 영혼 속에서 실현될 때에만 그리스도를 통해 성부 하나님께로, 그리고 이 두 분을 통해 보혜사 성령의 내주하심에 이르게 된다. "성령의 교제"라는 이 표현은 성령이 인격체라는 사실을 보여준다. 비인격적 원리 혹은 영향력과의 교제를 말한다는 것은 무의미하기 때문이다. 비록 이 구절에서는 "주 예수 그리스도와 하나님"과 연합되어 있지만, 예수 그리스도가 신적 인격체라는 사실을 증거한다. 더욱이, 성령이 교제와 대화의 상대자임을 나타낸다. 그러므로 우리는 성령을 슬프게 하지 않도록 조심하지 않으면 안 된다(엡 4:30). 영원한 세 위격을 구별해서 각각 언급한 것을 통해서, 이 세 위격은 우리로부터 동등한 존귀와 영광과 찬양을 받으셔야 한다는 것을 알 수 있다.

"우리 주 예수 그리스도의 은혜와 하나님의 사랑과 성령의 교통하심이 **너희 모두와 함께 있을지어다**"라는 표현은 무슨 의미인가? 그것은, 하나님의 임재에 대한 의식 이외의 뜻이 될 수 없다. 사도는 은혜와 사랑과 교통하심이라는 은사들을 찾을 수 있는 유일한 원천인 세 위격들과 별개로, 이 은사들을 구하는 기도를 하지 않았다. 바울은 삼위일체 하나님이 하나님의 백성들의 영혼 속에서 실현되기를 청원했다. 신약성경에 따르면, 거룩한 세 위격이 신자의 마음에 똑같이 임재하신다. 그리스도는 성령에 관해 언급하면서, "성령이 너희와 함께 거하시며 너희 안에 계실 것"이라고(요 14:17), 그리고 자기 자신과 아버지에 관해서는, "만일 어떤 사람이 나를 사랑하면 내 말을 지킬 것이다. 그러면 내 아버지가 그를 사랑할 것이고, **우리는** 그에게로 가서 그와 함께 거할 것"이라고 말씀하셨다(요 14:23). 그리스도인은 삼위일체 하나님이 거주하는 곳이다. 즉, 주 예수가 모든 은혜의 원천으로 그의 안에 거하고, 성부 하나님이 모든 사랑의 샘으로 그의 안에 거하고, 성령은 그와 함께 교제하며 모든 영적 섬김을 위한 활력을 그에게 준다.

그러한 내주內住의 **목적**은 무엇인가? 성부 하나님은 신자를 하나님의 형상에 일치시키기 위해 즉, 신자가 하나님과 하나가 되도록 하기 위해, 생각과 마음에서 성품과 목적에서 하나가 되도록 하기 위해 신자 안에 거하신다. 그리스도인은 자신의 하나님을 반영한다. 주 예수가 하나님의 백성들을 대신하여 죽음을 맛보신 그 은혜의 목적은 백성들 안에 희생의 영을 만들기 위한 것이다.

> 그가 우리를 위해 목숨을 버리셨으니…우리도 형제들을 위해 목숨을 버리는 것이 마땅하니라(요일 3:16).

하나님의 사랑을 아는 자들은 사랑의 삶을 살지 않으면 안 된다. 만일 하나님의 사랑이 "우리와 함께" 있다고 말하면서도 사랑에 역행하여 산다면, 거짓말을 하는 셈이다. 하나님의 사랑이 하나님의 백성 속에 거하는 것은, 그들이 하나님 같은 사랑의 삶을 살도록 하기 위한 것이다. 이것은 성령의 교통하심에 대해서도 같다. 우리 자신에게 소비하라고 성령이 자신의 풍성함을 우리에게 나눠주시는 것이 아니다. 채드윅은 "이 삼중적 축복기도가 우리와 함께 거하는 것은 그 삼중적 은혜가 우리에 의해 드러나고 삼위일체 하나님의 임재가 우리를 통해 나타나도록 하기 위해서"라고 단언했다.

4장

경배의 기도

다소 이상스럽게도 (복음을 전하는 모든 사람이 특별한 주의를 기울여야 하는) 목회서신에는, 서신서의 수신자들은 그 저자가 믿음 안에서 낳은 "자녀"임에도 저자가 수신자를 위해 드린 기도가 단 한 편도 실려 있지 않다. 실제로 바울이 디모데에게 써 보낸 편지에서, 자신이 주야로 드린 모든 기도에서 디모데를 "쉬지 않고" 기억한다고 말했다(딤후 1:3). 그러나 바울이 디모데를 위해 하나님께 기원한 어떤 특별한 요청에 관해서는 전혀 언급하지 않는다. 이런 침묵으로부터 몇 가지 실천적 교훈을 배울 수 있을 것이다.

그러나 이 생략에서 사랑스럽게 섬세한 정신을 확인할 수 없을까? 만일 바울이 이런 은혜 혹은 저런 은혜를 강화하거나 어떤 의무를 이행할 능력을 구비하게 해 달라고 하나님께 간청하고 있었다는 것을 상술하였더라면 아마도, 그것은 디모데가 이런 것에 결함이 있거나 저런 것에 무기력하다는 인상을 주었을 것이다. 따라서 그의 영성에 누를 끼칠만한 것으로 여겨질 수 있을 것을 빼놓았다. 그러나 그를 위한 간구의 기도가 전혀 기록되어 있지 않지만 지극

완전한 기도

히 축복된 두 개의 송영이 디모데전서에 담겨 있다. 이것에 의해 목회의 본질적 의무를 가르치고, 그리스도의 이 젊은 종에게 그가 열심히 잘 모방한 훌륭한 모범을 보여주었다.

> 만세의 왕 곧 썩지 아니하고 보이지 아니하고 홀로 하나이신 하나님께 존귀와 영광이 세세토록 있어지이다 아멘(딤전 1:17).

> 기약이 이르면 하나님이 그의 나타나심을 보이시리니 하나님은 복되시고 홀로 한 분이신 능하신 자이며 만왕의 왕이시며 만주의 주시오 오직 그에게만 죽지 아니함이 있고 가까이 가지 못할 빛에 거하시고 아무 사람도 보지 못하였고 또 볼 수 없는 자시니 그에게 존귀와 영원한 능력을 돌릴지어다 아멘(딤전 6:15-16).

우리는 이 두 기도를 개별적으로가 아니라 하나로 짝 지어 함께 다루자고 제안한다. 이 두 성경구절은 동일한 대상을, 동일한 서신서에서 다루고 있으며, 공통점이 많다는 점이 명백히 드러나 있다. 이 두 구절을 깊이 묵상하면서 지적하고자 하는 것은 **우선**, 이 두 구절의 판명한 성격이고 **둘째로는** 이 두 구절이 가리키는 대상이며 **셋째로는** 그 내용이다. 매우 고상한 품격을 지닌 구절들이다. 그러므로 그 웅장한 내용을 음미하고 개인적으로 활용하기 위해서는 참으로 영적인 태도를 갖추지 않으면 안 된다.

1. 성경 기도의 일반적 분류

성경에 나타난 기도들을 일반적으로 분류하면 **겸비**의 기도, **탄원**의 기도, **찬양**의 기도로 묘사할 수 있다고 앞에서 지적했다. 첫 번째 것은 회개를 표출하는 기도로써 죄 고백으로 구성되어 있다. 두 번째 것은 믿음을 표출하는 기도이며 이 기도를 통해 우리 자신 및 다른 사람들의 필요를 채워달라고 하나님께 구하는 것이다. 세 번째 기도는 존숭(尊崇)과 사랑을 표출하는 것으로써 하나님 자신의 완전하심에 몰입하여 우리 마음을 하나님 앞에 쏟아내어 예배드리는 것이다. 이 마지막 것이 **송영**이며, 하나님의 존재를 찬양하고 하나님의 탁월성을 송축하는 것으로 구성되어 있다.

앞에 인용한 두 구절 모두 이런 성격을 가지고 있다. 이 두 구절에서는, 하나님 자신 안에 있는 것으로 인해 하나님을 찬양한다. 주님께서 이미 우리에게 가르치신 것을 우리가 훨씬 잘 사용할 수 있도록 만들어 달라고 주님께 간청할 때 우리는 종종 "우리에게 기도를 가르쳐 주십시오"라고 요청한다. 주님은 성경에 기록된 자신의 기도들과 사도들의 기도들에서 우리에게, 반드시 필요한 모든 교훈을 은혜로 공급하셨다. 그 기도들 가운데 명백하게 계시하신 것은, 우리가 하나님 자신에게 전념해야 하고 하나님의 놀라운 속성들을 깊이 생각하고 하나님의 영광을 추구해야 한다는 것이다. 우리 자신만을, 우리의 필요를 채우는 것만을 생각하고 있어서는 안 된다.

그리스도께서 제자들에게 가르치신 기도에서, 완벽한 모범을 제공하셨다. 거기에서 우리에게 가르친 교훈은, 우리 자신과 동료 신

완전한 기도

자들에게 필요한 것들을 구하는 것이 우리의 특권이라는 사실뿐만 아니라 하나님 자신에게 속하는 탁월한 것들을 하나님께 돌리는 것 역시 우리의 특권이라는 사실이다. 하나님은 "하늘에 계시는 우리 아버지"라는 타당한 고찰과, "이름이 거룩히 여김을 받으"시라는 열망의 표현은 우리 자신의 개인적인 필요사항들을 제시하는 것보다 우선한다. "나라와 권세와 영광이 아버지의 것"임을 진심으로 인정해야 한다. 동일한 깨달음이 우리 간구를 마무리 지을 때 우리 영혼에 머물러 있어야 한다. 하나님 자신의 성품으로 인해 하나님을 찬양하고 경배하는 것은, 우리 의무의 본질적 부분이다. 그 부르심에 대해 다음과 같이 응답해야 한다.

> 마땅히 일어나 영원부터 영원까지 계신 너희 하나님 여호와를 송축할지어다 주여 주의 영화로운 이름을 송축하올 것은 주의 이름이 존귀하여 모든 송축이나 찬양에서 뛰어남이니이다(느 9:5).

이것 즉, 우리 자신을 이롭게 하는 것이 아니라 하나님을 존귀케 하는 것이 예배의 첫째 목적이다. 우리 간구의 많은 것들이 우리 자신에서 시작하고 끝난다. 그러므로 결코 하나님을 존귀하게 하지 않는다. "찬양하는 자마다 나를 영화롭게 한다"라는 말씀은 하나님이 직접 선언하신 것이다(시 50:23). 찬양을 하나님께 드려야한다. 그러나 그것은 하나님이 찬양을 필요로 하기 때문이 아니다. 찬양은 우리가 하나님을 경외하고 믿고 사랑한다는 증언이기 때문이다.

2. 마음을 다해 하나님께 영광을 돌려라.

사도들의 마음은 하나님의 영광에 전적으로 사로잡혔다. 그래서 그들의 입과 펜은 그 점을 자주 표현한다. 바울은 어떤 주장 혹은 논의를 전개하다가도 불쑥 하나님을 송축하라는 말을 꺼낼 때가 종종 있다. 로마서 1장에서도 그랬다. 썩지 아니할 하나님의 영광을 피조물의 것으로 바꾸었다는 혐의를 이방인들에게 제기할 때에도 위대한 하나님께 저지른 이와 같은 불명예로 인한 거룩한 두려움을 가지고 있다가도 불쑥, "하나님은 영원토록 찬양받으신다. 아멘"이라는 말을 꺼냈다(롬 1:25). 로마서 9장에서도 그리스도를 거명하자마자 "그는 모든 것 위에 계시며, 영원토록 찬양받으실 하나님이시다"라는 말을 꺼냈다(롬 9:5). 선택과 유기에 관한 논의를 결론지으면서 하나님의 지혜와 지식의 깊은 풍부함을, 그리고 하나님의 주권의 절대적 독립성과 불가해함을 보고 두려움과 찬양으로 충만해져서는 "그에게 영광이 영원토록 있을지어다. 아멘"이라는 말로 끝을 맺었다(롬 11:36). 마찬가지로 로마서를 끝맺을 때, "다만 지혜로우신 하나님께, 예수 그리스도를 통해 영광이 영원토록 있을지어다"라고 말했다(롬 16:27). 갈라디아서를 시작할 때에도 성부를 언급하자마자 즉시, "그에게 영광이 영원토록 있을지어다"라고 덧붙였다(갈 1:5). 에베소서 서두에서는 "하나님 곧, 우리 주 예수 그리스도의 아버지께서 찬양받으실지어다"라고 하였고(엡 1:3), 에베소서 3장을 보다 충분한 송영으로 마무리 지었다. 빌립보서를 마무리 지을 때에도 "자, 하나님 곧 우리 아버지께 영광이 영원토록 있을지

완전한 기도

어다. 아멘"이라고 했다(빌 4:20).

우리가 지금 이 자리에서 고찰하고 있는 두 개의 송영 가운데 첫 번째 것은 바울이 자신의 회심을 서술하던 중에, 두 번째 송영은 "우리 주 예수 그리스도의 나타나심"을 언급하던 중에 불쑥 꺼낸 것이다. 히브리서를 마무리 지을 때에도 그리스도를 언급한 뒤에 "그에게 영광이 영원토록 있을지어다"라는 말을 덧붙였다(히 13:21).

베드로의 마음도 마찬가지로 충만하여서 베드로전서를 "하나님 곧, 우리 주 예수 그리스도의 아버지를 찬양할지어다. 그는 풍성한 자비를 따라 우리를 다시 낳아 살아 있는 소망에 이르게 하셨다"라는 말로 시작했다(벧전 1:3). 나중에는 "모든 일에서 예수 그리스도를 통해 하나님이 영광을 받으소서. 하나님께 찬양과 권세가 영원토록 있을지어다. 아멘"이라고 찬양했다(벧전 4:11). 5장에서는 "하나님께 영광과 권세가 영원토록 있을지어다"라는 말로 모든 은혜의 하나님을 찬양했다(벧전 5:11).

유다의 영혼도 "유일하신 지혜로운 하나님 우리 구세주께, 영광과 위엄과 주권과 권능이 지금 그리고 영원토록 있을지어다. 아멘"이라는 말로 마무리 지을 정도로 높이 고양되었다. 사도 요한은 요한계시록 서두에서 하나님 아버지와 성령과 예수 그리스도로부터의 인사말을 전한 뒤에 "우리를 사랑하고 자기 피로 우리에게서 우리 죄악들을 씻어내고, 하나님 곧 그의 아버지를 위해 우리를 왕이요 제사장으로 삼으신 그에게, 영광과 권세가 영원토록 있을지어다. 아멘"이라는 송영을 덧붙였다(계 1:5-6).

이런 말을 토로하다니, 정말이지 열정적 마음, 고양된 영, 충성스러운 영혼 아닌가! 이들은 자신들의 애정을 다해 하나님을 높이고 찬양하는 정말 대단한 모범을 하나님의 모든 종들과 성도들에게 보여준 것이 아닌가! 오늘날의 설교단이 형식에 구애받는 것과, 회중석을 지배하고 있는 냉담함을 꾸짖는 것이 아닌가! 정말이지 그들은, 단지 하나님이 주신 은택 때문만이 아니라 하나님 자신의 성품 때문에, "여호와 이름에 합당한 영광을 여호와께 드려라"라는 명령을 지적한다(시 29:2). 하나님의 자비로 인해 하나님께 감사를 드리는 것뿐만 아니라, 하나님 본성의 탁월성과 하나님 이름의 영광으로 인해 하나님을 찬양하는 것은 우리에게 부과된 의무이다. 위에서 인용된 찬양은 이미 받은 축복들로부터 솟아나와 표현된 것이며, 하나님의 완전하심에 대한 자발적인 찬양이다. 완전하심은 하나님 자신에게 합당한 속성이다. 지금은 위대하신 하나님을 존숭하는 소리가 거의 들리지 않는구나! 주의 백성들이 하나님께 드리는 찬양을 드높이지 않는 것은 정말로 슬픈 일이다. 주의 백성들이 모인 곳에서 영성이 낮은 수준으로 떨어졌다는 뜻이다. 찬양이 충만한 경배가 없다는 것은 하나님의 탁월성에 대한 지각이 슬플 정도로 부족하고 우리의 애정이 식었다는 것을 가리킨다. 마음에 가득 찬 것을 입으로 말하고 마음이 텅비면 입술은 침묵하기 때문이다.

영혼은 건강한 상태에 있을 때는 "오, 내 영혼아! 여호와를 찬양하라. 내 안에 있는 모든 것들아! 여호와의 거룩한 이름을 찬양하라"라고 외치지 않을 수 없다(시 103:1). 하지만 우리는 "여호와 이스라엘의 하나님 우리 아버지여! 영원토록 찬양 받을지어다. 오, 여호와여! 위대함과 권능과 영광과 승리와 위엄은 주의 것입니다. 하

완전한 기도

늘과 땅에 있는 모든 것이 주의 것입니다. 오, 여호와여! 나라가 주의 것입니다. 주는 모든 것 위에 뛰어난 머리이십니다"라는 찬양을 좀처럼 듣지 못한다(대상 29:10-11).

성도들이 하나님께 드린 찬양들은 하나님께서 자신의 "거처"라고 이름 붙일 정도로 받으실만한 것이며 기뻐하시는 것이다(시 22:3). 이것은 비록 온 나라가 주 예수를 "벌레"처럼 대할지라도 주 예수를 지지하겠다는 뜻임을 주목하라(시 22:6). 찬양은 마땅히 하나님께 드려야하는 것일 뿐만 아니라 우리에게 적합한 것이다. 신자들이 "거룩한 제사장"이다(벧전 2:5). 그러므로 신자들은 하나님께 제물을 드려야 한다. 신자들이 봉헌하는 제물은 신자들의 제사장 직분의 본성에 일치하지 않으면 안 된다. 한쪽이 영적이기 때문에 다른 쪽도 반드시 영적이지 않으면 안 된다. 그러므로 교회에게 다음과 같이 권면한다.

이러므로 우리가 예수로 말미암아 항상 찬미의 제사를 하나님께 드리자 이는 그 이름을 증거하는 입술의 열매니라(히 13:15).

3. 함께 모여서든 개인적으로든 하나님을 경배해야 한다

우리는 회중 전체로 모여서뿐만 아니라 성도 개인적으로 하나님께 예배드려야 한다.

주 나의 하나님이여 내가 전심으로 주를 찬송하고 영영토록 주의 이름에 영화를 돌리오리니(시 86:12).

은혜 받은 영혼이 하나님을 생각하면 틀림없이 하나님을 높이며, "오, 여호와여! 신들 중에 주와 같으신 이가 누구입니까? 누가 주와 같이 거룩한 중에 영광스러우며 찬양 속에 경외로우며 이적을 행합니까?"라고 외치게 된다(출 15:11).

만일 우리 마음이 하나님의 존재에 더욱 몰입하면, 만일 우리의 생각이 하나님의 경이로운 성품을 더욱 생각한다면, 더욱 찬양하게 되며 하나님의 훌륭하심을 소리 높여 외치게 된다.

나는 언제나 여호와를 찬양하리라. 주를 찬양함이 계속해서 내 입에 있을 것이다(시 34:1).

우리가 이렇게 한다면 우리는 이생의 하찮은 시련 위에 우뚝 솟을 것이며 우리의 시시한 고통과 수고를 잊게 될 것이다. 하나님을 찬양하고 높이는 것은 성도들이 지상에서 하는 가장 고귀한 일이다. 거듭나지 않은 자들은 눈이 멀어 하나님의 아름다움을 볼 수 없고 하나님의 영광을 지각하지 못한다. 하물며 그것을 즐거워하는 것에 대해서는 말할 나위도 없다. 우리 주 예수 그리스도 안에서 하나님이 계시될 때 믿음의 눈으로 하나님을 바라보는 자들은 하나님에 대한 경외와 찬양이 표출되어 흘러넘치지 않을 수 없다.

만세의 왕 곧 썩지 아니하고 보이지 아니하고 홀로 하나이신 하나님

완전한 기도

께 존귀와 영광이 세세토록 있어지이다 아멘(딤전 1:17).

기약이 이르면 하나님이 그의 나타나심을 보이시리니 하나님은 복되시고 홀로 한 분이신 능하신 자이며 만왕의 왕이시며 만주의 주시요 오직 그에게만 죽지 아니함이 있고 가까이 가지 못할 빛에 거하시고 아무 사람도 보지 못하였고 또 볼 수 없는 자시니 그에게 존귀와 영원한 능력을 돌릴지어다 아멘(딤전 6:15-16).

누가 이 성경구절들에서 이렇게 찬양받는가? 여러 가지 대답이 제시되었다. 요한복음 1:18을 염두에 두고 성부 하나님이라고 대답하는 사람들이 있고, 문맥을 고려해서 성자라고 생각하는 사람들도 있다. 육신을 입고 오신 성자는 성부와 동등한 존귀와 충성을 받을 합당한 자격을 갖추고 있다는 사실을 요한복음 5:23이 명백하게 보여주고 있기는 하다. 계시록 4:11과 5:12-13을 비교해 볼 때 성자는 하늘에서 바로 그것을 실제로 받는다는 것을 분명하게 보여주기는 한다. 하지만 이 송영에서 사용된 표현 가운데 일부는 신-인이신 중보자에게 적용하기는 힘들어 보인다. 즉, 눈에 보이지도 않고 가까이 다가갈 수 없는 분이다. 더욱이, 우리 주 예수 그리스도 자신은 자기 때가 이르면 그 "축복된 유일한 통치자"가 누구인지를 드러내 보여주실 것이다. 반면에, 이러한 예배소명을 개인적으로 성부에게 제한하지 않을 것이다. 오히려 우리는 그것들을, 삼위일체 하나님을 염두에 두고 있는 것으로 간주한다.

필자가 볼 때, 이 송영들은 삼위일체의 여호와를, 각 위격을 구별하지 않은 하나님을 염두에 두고 있다. 그러나 추상적으로가 아니라 중보자 주 예수 안에서 및 주 예수를 통해 계시된 하나님을 염두에 두고 있다고 본다. 분명히, 그것은 최대한 신중하게 움직여야 하고 우리 자신을 거룩한 두려움과 떨림으로 표현해야 하는 깊은 물로 우리를 인도해 준다. 유한한 지성은 하나님의 본질의 절대적 성격과 무한성과 축복됨에 관한 개념을 형성할 능력이 전혀 없다. 성부, 성자, 성령은 우리가 전혀 납득할 수 없는 방법으로 존재 및 공존한다. 신성 속에 있는 신적 본질의 단일성과 위격의 삼위성은 상상조차 할 수 없는 것이다. 이에 관한 적절한 개념을 얻기 위해서는 성경으로 가지 않으면 안 된다. 진술된 교리를 성경에서 찾을 수는 있지만 설명은 전혀 없다. 삼위일체의 하나님은 저 위대한 "나는 있다"이다.

이제도 계시고 전에도 계시고 장차 오실 이(계 1:4).

모든 존재와 사물로부터 압축해 봤을 때, 하나님은 스스로, 오직 자신으로부터, 자존적, 자기충족적이시다. 그러나 삼위일체 교리는, 하나님이 자신의 본성과 위격과 완전성을 그리스도 안에서 우리에게 주신 계시이다. 영원한 세 위격은 오직 세 위격이 맺은 언약적 관계에서만 그리고, 주 예수 안에서 우리와 관련을 맺고 있을 때에만 우리에게 알려질 수 있다. 우리는 절대적 하나님과는 도무지 관련이 없다. 단지, "신성의 모든 충만함"이 육신으로 거하는 그분이 알려주시는 하나님과 관련을 맺고 있다(골 2:9).

완전한 기도

4. 그리스도, 하나님의 형상

그리스도는 "보이지 아니하시는 하나님의 형상"이다(골 1:15). 단지 성부만이 아니라 삼위일체 하나님의 형상인 것이다. 주 예수는 "육신으로 나타난 하나님(삼위일체의 하나님)"이다. 그리스도 안에 거룩한 삼위일체가 선포되고 알려져 있어서 최대한 발견되도록 하셨다. 그는 만군의 여호와의 협력자이다. 그는 "영광의 광채, 그의 본체의 뚜렷한 형상"이다(히 1:3). 그리스도는 우리가 하나님을 바라보고, 하나님의 그 본체를 확인하여 예배를 드리는 매개체이며 거울이다.

세 위격이 그리스도 안에 함몰되어 있기 때문이 아니다. 세 위격과 완전성이 그리스도 안에서 및 그리스도를 통해서 계시되기 때문이다. 그리스도를 빼놓고, 하나님이신 동시에 사람이신 그리스도를 고려하지 않고, 신성에 관해 생각해낸 모든 것은 결국 절대적 신성에 관한 명상으로 전락할 것이며, 복음에 선포되어 있는 대로의 형언할 수 없는 주제에 관한 관점을 상실하고 말 것이다. 영원한 삼위일체를 그리스도 안에서 우리와 관계를 맺고 있는 그대로 바라볼 때에만 우리는 세 위격에 관한 올바른 개념을 형성할 수 있다.

거룩한 세 위격은 우리를 향한 자신들의 의지를 판명하게 실천한 행위들에서, 우리에 관한 자신들의 목적에서, 창세 전에 우리를 위해 계획한 구원에서, **그리스도 안에서**의 성취에서 자신을 나타냈다. 그리스도 안에 있는 우리에 대한 성부의 영원한 사랑(엡 1:3-4), 성령이 우리 안에서 행하는 직분과 사역은 그리스도로부터 나온다.

즉, 그를 우리에게 귀중한 존재로 만들고, 우리를 그에게 순응시키며, 그와 나누는 우리의 교제를 유지해 준다. 그 세례(침례) 속에서 그리스도를 명백하게 선언할 때, 삼위일체 전체가 드러났다.

이제, 이 두 송영의 실체 즉, 내용에 좀 더 직접적으로 다가가자. 그래서 저 영광스러운 하나님을 어떻게 생각해야 하는지, 왜 그에게 예배를 드려야 합당한지를 알아보자. 그 두 기도를 자세히 비교해 보면, 이 두 기도 모두는 비록 상이한 용어를 사용할지라도 하나님의 동일한 본질적 완전성을 높이며 하나는 다른 쪽을 확충하고 해명해준다는 점을 발견할 수 있다. 따라서 우리 생각에, 디모데전서 1:7의 "영원한 왕"은 디모데전서 6:15의 "축복된 유일한 통치자, 만왕의 왕, 만주의 주"라는 더욱 충분한 표현과 같은 것을 가리킨다. 디모데전서 1:17의 "보이지 않는"은 "어떤 누구도 다가갈 수 없고 어떤 누구도 본 적도 볼 수도 없는 빛 속에 거하는"이라고 설명된다. 전자의 "유일하신 지혜로운 하나님"은 후자에서는 상응하는 어구가 없다. 전자는 "존귀와 영광이 영원토록 있을지어다 아멘"으로 끝나지만, 후자는 "존귀와 능력이 영원히 있을지어다 아멘"으로 끝을 맺는다. 마음을 넓혀주시고 생각에 활기를 불어넣어주시기를 하나님께 간구하면서 하나님의 이 몇 가지 완전성을 생각해 보자.

"영원한…왕," "축복된 유일한 통치자, 만왕의 왕, 만주의 주." "영원한 왕"이라는 바로 이 표현이 즉각적으로 암시하는 것은 여기에서 신성의 본질적 완전성을 높이고 있다는 것이다. 이 표현을 고려할 때 우리의 생각은, 모든 시대상의 관계들 혹은 세속적 고려사

완전한 기도

항들을 훨씬 뛰어넘는다. 예수 그리스도는 실제로 "만왕의 왕이며 만주의 주"이시다(계 19:16). 그러나 신인 양성을 가지신 그리스도는 그처럼 영원한 존재였던 것은 아니다. 그리스도의 인성은 창세 전에는 존재하지 않았다. 육신을 입고 있던 동안에는 이와 같은 통치권이 부여되지도 않았다. 그리스도의 비할 바 없는 낮아지심과 수난의 보상으로, 부활하신 뒤에, 그리스도의 사역의 공로와 완성에 대한 증거에서, 하나님은 인자를 크게 존귀하게 하셨으며 "하늘과 땅에 있는 모든 권세를 그에게 주셨다"고 선언하셨다(마 28:18). 방금 지적한 것은, 그리스도가 성육신하신 성자였기 때문에 태어난 순간부터 예배를 받을 자격이 있으며 따라서 공생애 동안에 순종과 복종을 받을 자격이 있었다는 사실과 전혀 갈등을 일으키지 않는다. 그러나 하나님이 그리스도에게 영광과 존귀로 관을 씌우신 것은 그의 지상사역을 완성하신 이후였다.

5. 축복된 유일한 통치자

"축복된 유일한 통치자." 이 말은 위격을 구별하지 않은 신성 그 자체를 가리킨다. 하나님 자신 즉, 삼위일체의 하나님은 모든 축복과 기쁨의 원천이다. 하나님은 자기 충족적이며, 그 자체로 무한히 복되고 행복이신 분이다. 그 어떤 것도 하나님의 평정과 장엄을 손상시키지 못한다.

"축복된 유일한 통치자." 하나님의 축복됨과 통치권은 필연적으로 연결되어 있다. 하나님의 영광은 특별히, 만물을 다스리는 비할 바 없는 주권 및 지상권至上權에서 나타난다. 그에게 견줄 존재가 없다는 것은 분명히 그의 명예이다.

대저 궁창에서 능히 여호와와 비교할 자 누구며(시 89:6).

그는 유일하신 "통치자"이시다. 그로부터 종속적이며 파생적인 모든 권위가 나온다.

나로 말미암아 왕들이 치리하며 방백들이 공의를 세우며(잠 8:15).
권세는 하나님께로 나지 않음이 없나니 모든 권세는 다 하나님의 정하신 바라(롬 13:1).

빌라도가 구세주께 "너를 십자가형에 처할 권세가 내게 있고 너를 풀어줄 권세도 내게 있는 줄 모르느냐?"라고 말하자 주께서는 "위에서 너에게 권세를 주지 않았더라면 나를 반대할 권세를 조금도 가지지 못하였을 것이다"라고 대꾸하셨다(요 19:10-11).

그 정권으로 만유를 통치하시도다(시 103:19).
어떤 누구도 그의 손을 막지 못한다(단 4:35—私譯).

"영원한 왕." 그는 "영원을 거처로 삼으시는 높디 높은 분이다"(사 57:15). 그는 존재의 탁월성과 초월성에 있어서 "높으며," 독립성과 지배권에 있어서 "높으며," 그가 지은 어떤 피조물도 존재하지 않았을 때 영원을 거처로 삼아 자신의 자기충족성 속에 홀로 거했다. 그것은 실질적이고 견고한 평화를, 은혜 입은 영혼에게 가져다줌으로써, 하나님이 우주의 보좌 위에 좌정하시어 크고 작은 모든 일을 지시하시며 모든 것을 자신의 뜻의 목적에 따라 이루신다는 사실을 깨닫게 해준다. 신자가 하나님을 이처럼 바라볼 때 그는 다음과 같이 말할 수밖에 없게 된다.

> 여호와 우리 하나님과 같은 자 누구리요 높은 위에 앉으셨으나 스스로 낮추사 천지를 살피시고(시 113:5-6).

만일 우리의 마음이 저 영원한 왕에게 더욱 전념한다면, 세상에서 일어나고 있는 일로 마음이 어지러워지는 일이 적어질 것이다. 실제로, 우리의 새로워진 지성이 저 높은 위에 계신 분에게 진실로 전념한다면 우리의 응답은 다음과 같을 것이다.

> 내가 주를 높이고 영원히 주의 이름을 송축하리이다…주의 존귀하고 영광스러운 위엄과 주의 기사를 나는 묵상하리이다(시 145:1, 5).
> 축복된 유일한 통치자, 만왕의 왕, 만주의 주(딤전 6:15-私譯).

여기에서 바울은 먼저 그 분 자체 안에 있는 복되심 때문에 삼위일체 하나님께 영광을 돌린다. "복됨"이라는 것은 풍성하게 부여되어 있으며 즐겁다는 것이다. 하나님은 무한하며 생각할 수 없을 정도로까지 이와 같으신 분이다. 그분 안에는, 그분의 모든 탁월성이 하나로 모여 있고 충만하기에 그분 자체로 완벽하기 때문이다. 하나님은 완벽한 성취를 위해 자신의 존재 밖으로 나갈 필요가 없다. 바울이 아테네 사람들에게 선언하였던 것처럼, 하나님은 모든 사람들에게 생명과 호흡과 모든 것들을 주시는 분이기에, 세상을 창조하고 통치하는 위대한 하나님은 마치 무엇이 필요한 것마냥 사람들이 손으로 드리는 예배를 받기 위해 사람들에게 의존하시지 않으신다(행 17:25).

하나님은 어떤 누구에게도 의무를 지고 있지 않다. 절대적으로 독립적이신 분이다. 그러므로 "유일한 통치자," 모든 것을 주권적으로 다스리는 분인 하나님께 찬양을 드린다. 하나님은 자기 안에 전적 충분성과 행복을 가지고 있을 뿐만 아니라 모든 피조물 및 만유에 대한 절대적인 권능과 지배권을 가지고 있다. 무한한 충분성과 무한한 능력 이 둘을 하나님 안에서 모아봐라. 그렇다면 실제로 하나님은 "축복"된 존재이시다. 하나님은 이와 같다고 인정받아야 마땅하다. 그렇다. "축복된 분"으로서 경외와 존숭과 찬양을 받으셔야 한다. "지극히 높으신 하나님은 복되도다"(창 14:20). 이에 뒤지지 않는 존귀를 그리스도에게 돌린다. 그는 모든 것 위에 계시며, 영원토록 찬양받으실 하나님이시다"(롬 9:5).

6. 하나님의 불멸성

"홀로 죽지 아니하고"(딤전 6:16).

완전한 기도

이것은 "저 **영원한 왕**"에 병행하거나 보완적인 완성이다. 하나님은 시작하는 날도 끝나는 날도 없다. 이 어구의 헬라어 단어를 축어적으로 옮기자면 "오직 그분만이 죽음 없음을 소유한다"는 말이 될 것이다. 하나님이 불멸인 까닭은, 하나님은 죄를 지을 수 없는 혹은 죄지을 가능성이 없는 분이기 때문이다. 디모데전서 1:17에서 불멸 즉, "죽지 아니하고"에 대해 사용된 다른 단어는 "부패할 수 없는"이라는 뜻이다. 하나님은 악으로 유혹받을 수 없다(약 1:13). 왜? 하나님은 악의 정반대 즉, 형언할 수 없이 거룩한 분이기 때문이다. 죽음은 죄의 삯이다. 하나님은 죄를 지을 수 없고 부패할 수 없분 분이기 때문에, 불멸 즉, 죽음이 없는 분이다. 더욱이, 그는 살아 계신 하나님이다.

대저 생명의 원천이 주께 있사오니(시 36:9).

하나님은 참여에 의해서가 아니라 본질에 의해 "자기 안에 생명을 가지고 있다"(요 5:26). 하나님은 죽지 않을 뿐만 아니라 "오직 하나님만이 불멸성을 가지고 있다." 거룩한 천사들도 죽지 않는다. 구속받은 자들의 부활한 육체들도 죽지 않을 것이다. 그러나 그 불멸성은 하나님에 의해 파생된 것이며 하나님이 주신 것이다. 그러나 하나님은, 오직 하나님만이 본질적으로, 파생되지 않은, 불멸성을 자기 안에 완전하게, 자기로부터 소유하고 있다. 오직 하나님만이 단순하고 완벽하게 불멸성을 소유하고 있으며 불멸성의 샘이시다. 하나님은 이와 같으신 분임을 인정하고 찬양해야 한다."

보이지 아니하고"(딤전 1:17). 이것은 하나님의 완전하심에 대한 또 한 측면으로 언급하고 있다는 점에 주목하라. 성경의 단어에는, 사람의 단어에는 없는 풍부함이 있다. 실제로 표현되는 그 이상의 것을 성경의 단어가 담고 있으며 암시하는 경우가 빈번하다. 이것이 그런 경우이다. 하나님은 눈에 보이지 않을 뿐만 아니라 감각기관에 감지되지 않고 이성에 파악될 수 없는 분이다. 하나님은 본래, 피조물의 모든 지성이 헤아릴 수 없는 분이다. 하나님이 자신의 말씀에 의해서 그리고 하나님이 만드신 작품들에 의해서 기꺼이 자기계시를 주셨음에도 불구하고 우리는 여전히 욥처럼 인정해야만 한다.

> 이런 것은 그 행사의 시작점이요 우리가 그에게 대하여 들은 것도 심히 세미한 소리뿐이니라 그 큰 능력의 우뢰야 누가 능히 측량하랴 (욥 26:14).

매튜 헨리의 말을 참조하자.

우리가 하나님에 관해 알고 있는 것은 하나님 안에 있는 것과 하나님이 어떤 분인가와 비교해 보면 아무것도 아니다. 하나님이 우리에게 알려주신 것들과 우리가 하나님을 연구한 것들에도 불구하고 여전히 우리는 하나님에 관해 많이 캄캄하다.

우리는 하나님의 본질적 영광을 생각할 수 없다. 하나님의 위대하심과, 하나님과 사람 사이의 측량할 수 없는 거리를 올바로 평가할 때에만 하나님에 대한 거룩한 경외심으로 가득차게 될 것이다.

"다가갈 수 없는 빛 속에 거하시는." 이 말이 "구름과 흑암이 그에게 둘렸고"(시 97:2)라는 말과 어떻게 조화를 이룰 수 있는가?

첫째, 시편 기자는 하나님이 우리에게서 보이지 않는 방식을 언급했다. 하나님이 **어떻게** 움직이시는지 알아챌 능력이 우리에게는 없다. 하물며 그 이유를 이해할 능력에 대해서는 말할 나위도 없다. 하나님의 섭리는 대단히 깊은 것이다. 하나님의 모사는 인간의 생각으로는 헤아릴 수 없는 것이다.

둘째, 그 말투는 우리의 호기심과 주제넘음을 책망할 의도였다. 우리는 우리에게 알려진 의무를 이행하는 대신에 계시되지 않은 것을 캐묻는 성향이 지나치다.

셋째, 이것은 우리의 믿음을 연단하기 위한 것 같다. 우리가 하나님의 손길을 확인하지 못하거나 하나님이 우리를 위해 일하심을 알아채지 못할 때조차도 하나님을 신뢰하고 하나님을 영예롭게 하자.

넷째, 결국 시편 97:2은 디모데전서 6:16에 매우 근접한 진술이다. 성자조차도 하나님의 본질 혹은 본성을 이해할 능력이 전혀 없다. 하나님 안에는 우리가 헤아릴 수 없는 압도적인 빛이 있다. 어떤 사람의 말처럼, "인간의 이해력이 가진 가장 예리한 눈조차 하나님의 광채로 인해 눈이 부실뿐만 아니라 눈이 멀게 된다." 이성에 의해서가 아니라 믿음에 의해서 빛이신 하나님께 가까이 다가가도록 하자.

7. 신성은 접근할 수 없는 영광 속에 거한다.

옛 언약의 상징체계는 동일한 진리 즉, 신성이 거하는 접근할 수 없는 영광을 가르쳤다. 이것은, 하나님이 율법을 주실 때 시내산 둘레에 경계선을 설정하여 사람들이 다가오지 못하도록 한 것에(출 19:17), 성막과 성전의 지성소 안의 어둠에 있었다. 지성소에서 시은좌 위에 스랍들 사이에 하나님의 현현이 있었다. 솔로몬은 성전을 봉헌할 때 "여호와는 빽빽한 어둠 속에 계시겠다고 말씀하셨다"고 언급했다(왕상 8:12). 스랍들이 여호와의 보좌 위에 설 때 자신들의 얼굴을 가렸다(사 6:1-2). 반면에, "빛이 그와 함께 있도다"(단 2:22)라는 말씀과 "주의 광명 중에 우리가 광명을 보리이다"(시 36:9)에서는 그 형상이 다르다. 그 둘을 하나로 모아보면, "접근할 수 없는 빛 속에 거하는"이라는 말은 하나님의 영광은 너무나 형언할 수 없어서 어떤 피조물도 가까이 다가가거나 파악할 수 없음을 가리킨다. 오직 하나님만이 자기 자신을 파악할 수 있을 뿐이다. 하나님에 관해 우리가 가지고 있는 가장 영적이고 높은 관념들은 기꺼해야 모호하고 부적절하다. 무한과 유한 사이에 있는 헤아릴 수 없는 거리가 영원히 그대로 남아 있음에 틀림없다. 하나님이시며 사람이신 중보자만이 무한자를 유한자에게 알릴 자격이 있다. 그것도 하나님을 영화롭게 하고 우리에게 유익을 주기 위한 경우에만 그렇게 하신다.

"어떤 누구도 본 적도 볼 수도 없는." 이것은 성경에서 거듭거듭 진술된 사실이다. 크게 은총을 입어 하나님과 매우 친밀하고 오랜 교제를 나눈 모세조차도 하나님의 영광을 보여달라고 간청할 때,

완전한 기도

"내가 나의 모든 선▒을 네 앞으로 지나가게 하고 여호와의 이름을 네 앞에서 선포하겠다…너는 내 얼굴을 볼 수 없다. 나를 보고 살 자가 없을 것이다"라는 응답을 받았다(출 33:18-20).

신약성경의 거의 끝부분에서도 "어느 때든지 하나님을 본 사람은 없다"고 말한다(요일 4:12). 비록 우주 전체가 하나님으로 가득하고 하나님을 나타내지만 하나님은 보이지 않는 분이다.

> 하늘이 하나님의 영광을 선포하고 궁창이 그 손으로 하신 일을 나타
> 내는도다(시 19:1).

그러나 "하나님"을 볼 수 없다. 단지, 하나님이 하신 것만을 볼 수 있다. 분명히 하나님이 존재하신다. 하나님은 빛을 옷처럼 입으신다(시 104:2). 하지만 하나님이 어떤 분인지는 분명히 알 수 없다. "흑암을 자신의 은밀한 거처로 삼으시는" 분이기 때문이다(시 18:11). 결코 어떤 피조물도 하나님의 충만한 영광을 알 수 없다.

> 여호와는 광대하시니…그의 광대하심을 측량치 못하리로다(시
> 145:3).

심지어 하늘의 아름다운 광경조차 하나님을 하나님으로 보여주는 광경으로 구성되는 것이 아니라, 유한한 능력에 알맞은 방법으로 즉, 그리스도의 본체에서 명확히 드러내고 전달해주는 방식으로 비춰주는 모습으로 구성된다.

8. 지혜로운 유일한 하나님

"지혜로운 유일한 하나님." 앞에서 논의하였기 때문에 지금 꾸물거릴 필요가 없다. 이 말은 신성의 완전성이 가진 또 하나의 측면 즉, 하나님의 전지성全知性을 높인다. 우리가 이런 용어를 말할 때 그 헤아릴 수 없는 의미를 정말 빈약하게 파악한다!

하나님의 이해理解는 무한하다(시 147:5–私譯).
하나님의 이해를 측량할 수 없다(사 40:28–私譯).

"피조물의 가장 심오한 지혜를 하나님의 지혜와 비교해보면 그런 명칭을 붙일 자격이 없다. 천사들의 지혜도 하나님께는 어리석음에 불과하다"라고 말한 사람도 있다. 피조물의 모든 지혜는 하나님이 나눠주신 것이다. 즉, 하나님의 지혜가 원본이며 본질적이고 늘리거나 줄이거나 할 수 없는 것이다. 하나님이 "지혜로 하늘을 지으셨다"(시 136:5). 하나님이 "지혜로 그 모든 것을 지으셨다"(시 104:24). 그러나 무엇보다도 하나님이 창세전에 우리의 영광을 위해 정하신 "감춰둔 지혜"로 인해 찬양을 받으셔야 한다. 바울이 이 사실을 깊이 생각하여 "오 깊도다 하나님의 지혜와 지식의 부요함이여"라고 외쳤다(롬 11:33).

홀로 불멸성을 지니신 저 유일한 통치자에게 존귀와 권세가 영원히 있을지어다. 아멘.

John Bunyan

John Gill

Arthur W. Pink